AF482449

Dados Internacionais de Catalogação na Publicação (CIP)
(Jeane Passos de Souza – CRB 8ª/6189)

SENAC. Departamento Nacional.
    Sou recepcionista: técnicas, tendências e informações para o
aperfeiçoamento profissional / Departamento Nacional do Serviço
Nacional de Aprendizagem Comercial. – São Paulo : Editora Senac
São Paulo, 2016.

    Glossário.
    Bibliografia.
    ISBN 978-65-5536-263-3 [Venda internacional]

    1. Recepcionista 2. Recepcionista de Hotel 3. Recepcionista de
evento 4. Recepcionista de hospital 5. Recepcionista de cruzeiro
I. Título.

16-441s   CDD-647.942
                                                    BISAC TRV036000

Índice para catálogo sistemático:
    1. Recepcionista de hotel : Técnicas de serviço   647.942
    2. Recepcionista de evento : Técnicas de serviço   647.942
    3. Recepcionista de cruzeiro : Técnicas de serviço   647.942
    4. Recepcionista de hospital : Técnicas de serviço   647.942

Sou Recepcionista

Técnicas, tendências e informações para o aperfeiçoamento profissional

Editora Senac São Paulo
São Paulo – 2016

ADMINISTRAÇÃO REGIONAL DO SENAC NO ESTADO DE SÃO PAULO

Presidente do Conselho Regional
Abram Szajman

Diretor do Departamento Regional
Luiz Francisco de A. Salgado

Superintendente Universitário e de Desenvolvimento
Luiz Carlos Dourado

EDITORA SENAC SÃO PAULO

Conselho Editorial
Luiz Francisco de A. Salgado
Luiz Carlos Dourado
Darcio Sayad Maia
Lucila Mara Sbrana Sciotti
Jeane Passos de Souza

Gerente/Publisher: Jeane Passos de Souza (jpassos@sp.senac.br)
Coordenação editorial/prospecção: Luís Américo Tousi Botelho (luis.tbotelho@sp.senac.br)
Márcia Cavalheiro Rodrigues de Almeida (mcavalhe@sp.senac.br)
Administrativo: João Almeida Santos (joao.santos@sp.senac.br)
Comercial: comercial@editorasenacsp.com.br

Edição: Rose Zuanetti
Consultoria técnica: Francisco Tommy Freund
Pesquisa, entrevistas e redação: Cristina Massari
Produtora editorial: Wanessa Nemer
Acompanhamento pedagógico: Andréa Estrella e Danielle Lordello
Copidesque: Mirna Juliana Santos Fonseca
Projeto gráfico, capa, diagramação e ilustrações: SteimanKnorr Design | Charles Steiman e Daniela Knorr
Fotos: Banco de Imagens do SENAC
Revisão: Sonia Cardoso
Produção gráfica: Antonio Carlos De Angelis

Apresentação

Um recepcionista pode atuar em hotéis, cruzeiros, hospitais, eventos, postos de informações turísticas, feiras e congressos. Mas não importa em que segmento ou área, seu trabalho na recepção vai muito além da "arte de bem receber". Preparo técnico, profissionalismo, inteligência emocional, empatia, disposição para ajudar, apresentação impecável, boa comunicação e conhecimento de idiomas são algumas das competências exigidas pela função. Então fica a pergunta: com quantas virtudes e aptidões se faz um bom recepcionista? Muitas. Quanto mais, melhor. Mas Danuza Leão, especialista incontestável na arte de receber, destaca duas: gentileza e calor humano. Para ela, são a alma desse negócio.

E é por isso que mesmo daqui a dez anos, ou menos, segundo as previsões de especialistas que se debruçam sobre tendências mundiais no setor de viagens e hotelaria, o seu check-in seja completamente automatizado, a presença de um recepcionista continuará fazendo diferença. Gentileza pode ser até uma característica programada para um robô, mas calor humano ainda é um dom exclusivo dos humanos, não é? Apesar do acolhimento e da gentileza, a tecnologia nos impõe algumas reflexões: Que tipo de recepcionista pode ser facilmente substituído por um código enviado pelo celular? E que tipo de recepcionista os hóspedes – e os hotéis, sobretudo – nunca poderão dispensar?

Agilidade e autonomia para resolver pequenos problemas, imprevistos, com toda a atenção aos detalhes, interação entre as culturas – uma das razões de quem viaja – não são atributos de um processo automatizado e por isso o atendimento individualizado e personalizado continuará sem dúvida existindo, desde que o recepcionista se mantenha bem formado e informado. Cabe a quem está do outro lado do balcão escolher: que tipo de recepcionista vou querer ser?

Este livro apresenta a rotina de trabalho em alguns segmentos do mercado turístico e de saúde, visando contribuir para o contínuo aperfeiçoamento de quem já trabalha na recepção e para os que almejam estar lá.

Sumário

Hotéis

Eventos

Cruzeiros

Saúde

Hotéis

Hotelaria no mundo

O foco de toda empresa é o cliente, sempre. E o desafio para as corporações nos últimos anos tem sido acompanhar as demandas desses clientes, observando as mudanças de comportamento do consumidor. Estudos sobre tendências em hotelaria feitos recentemente em escala global, como o *Hospitality 2015. Game changers or spectators*, elaborado pela Deloitte Touche Tohmatsu (DTT), indicam que as marcas – sejam elas quais forem – que conseguirem manter seu compromisso com a satisfação do consumidor a um custo transparente terão como recompensa a fidelidade do cliente. Assim, se a adaptação às exigências da clientela é palavra de ordem para as corporações, que participação terão seus funcionários nesse cenário?

Na linha de frente do atendimento ao cliente, a satisfação e fidelidade do consumidor parecem ser questões prioritárias para o recepcionista, não importando onde ele atue: meios de hospedagem, serviços de saúde, eventos, terminais de passageiros (terrestre, aéreo ou marítimo), posto de informações turísticas, ou qualquer outro lugar aberto ao público e que necessite de alguém para receber este cliente. Hoje, até mesmo alguns restaurantes e bares não dispensam a presença de um recepcionista.

TENDÊNCIAS PARA O SETOR

O relatório *Hospitality 2015*, divulgado pela Deloitte, em agosto de 2010, foi feito a partir de entrevistas com líderes da área de hospitalidade em todo o mundo. Ele conclui que os próximos cinco anos serão pautados pelo foco no consumidor, que muda cada vez mais rapidamente suas atitudes e comportamentos, valorizando marcas com as quais ele se identifica e demonstra um

Sustentabilidade em hotelaria

A preocupação com a escassez dos recursos naturais, surgida na década de 1970 com a crise do petróleo, vem aumentando à medida que o agravamento do aquecimento global e outros problemas relacionados ao meio ambiente tornaram-se objetos de discussões e propostas em fóruns globais. Essa tendência ganha força com a valorização de programas de certificação, reconhecidos como valor pela clientela, que passa a exigir práticas de sustentabilidade nos segmentos de turismo e hotelaria.

Desenvolvimento sustentável aplicado ao turismo pressupõe associação entre crescimento econômico, equidade social e equilíbrio ecológico. Esse tripé cria um senso de responsabilidade comum na busca de uma relação harmônica capaz de explicar e justificar a exploração de recursos naturais e materiais com investimentos financeiros e desenvolvimento tecnológico.

nível alto de compromisso. No relatório, o Brasil é apontado entre os mercados emergentes para o turismo, que incluem China e Índia, com um crescimento anual do segmento de 5%. O relatório mostra também que a hotelaria focada na relação custo-benefício tende a crescer, e que as marcas econômicas ganham espaço na preferência de uma faixa significativa de consumidores. Mais uma vez, é preciso estar atento ao que o cliente deseja em qualquer meio de hospedagem. No segmento de hotéis econômicos, por exemplo, a disputa por preço assume um valor significativo para a conquista do cliente, que compara e compra preços.

Já no mercado mais sofisticado, o valor para o consumidor não está na recompensa financeira, mas na qualidade. Para esse público, a oferta de produtos e serviços deve privilegiar a experiência do hóspede, sua emoção. Esses devem ser o norte para a inovação no setor, segundo o *Hospitality 2015*. Em suas conclusões, o estudo afirma que,

apesar da aparente saturação do mercado, as marcas de luxo seguirão seu caminho de crescimento e terão êxito na medida que satisfaçam os desejos de seus consumidores, proporcionando experiências em vez de oferecer produtos. A diferenciação será a garantia do sucesso.

NOVOS FORMATOS, NOVAS EXIGÊNCIAS

Outro movimento que vem ganhando notoriedade, com vultosos investimentos em escala global, é a expansão dos hotéis butiques, os chamados lifestyle hotels. Em geral, são estabelecimentos de pequeno ou médio porte, com uma completa infraestrutura de serviços que incluem SPAs, restaurantes, áreas de lazer, business center. Projetos de design arrojado e ambientação detalhada são grandes diferenciais dos hotéis butiques. A decoração é caprichada, com destaque para objetos de design ou de arte. Não é raro também ver um hotel butique instalado num prédio histórico, onde foi executado um inovador projeto de adaptação do edifício. Com tarifas cerca de 10% acima das de seus similares, em termos de conforto e qualidade, essas novas marcas conquistam espaço em redes internacionais do porte de Starwood Hotels & Resorts, Hyatt Hotels Corp., InterContinental Hotels Group, Marriott International Inc. Além das grandes redes, também são exemplos de hotéis butique o hotel Fasano, no Rio; Unique, em São Paulo; Zsa Zsa, em Houston; hotéis como o Delano, Astor ou Cardozo, que ficam no Art Deco District de South Beach, em Miami; além do Faena, em Buenos Aires, que tem design assinado por Philippe Starck.

Alguns especialistas chegam a considerar esse movimento como a "onda do futuro". É preciso deixar claro que para atender ao grau de exigência de sua clientela, esse segmento vem buscando no mercado, profissionais com elevado grau de capacitação, principalmente em relação aos funcionários que lidam diretamente com os hóspedes, como no caso dos funcionários da recepção.

Para os prestadores de serviço, o caminho parece estar trilhado. E não só por um formato novo dos meios de hospedagem, mas por todo o movimento da sociedade que incorpora as mídias sociais como novo recurso na avaliação de serviços e na dinamização da comunicação das marcas. Essa tecnologia traz novas possibilidades de relacionamento e todos devemos estar preparados para ela. Em especial, as equipes que atuam na linha de frente. Essas redes funcionam como "clientes ocultos", transformando-se em importantes indicadores da qualidade dos serviços prestados na hotelaria. Por meio dessas redes, hóspedes se tornam críticos presentes ao manifestarem em sites do tipo Tripadvisor.com, sua avaliação e comentários sobre os serviços.

Também passam pelo crivo dos consumidores classificações como as da publicação americana *Travel & Leisure*, que anualmente premia os melhores do turismo, segundo votação dos leitores. No Brasil, a revista *Viagem & Turismo* também deixa a cargo dos leitores a escolha de seu prêmio anual, concedido em várias categorias relacionadas ao turismo, incluindo meios de hospedagem.

HOTELARIA NO BRASIL

Durante muitos anos, a hotelaria no Brasil caracterizou-se principalmente por estabelecimentos de pequeno a médio porte, de propriedade familiar. Nas últimas décadas, a chegada de redes internacionais, inicialmente nas capitais e depois se espalhando aos poucos por outros centros urbanos de quase todos os estados, vem ao encontro da crescente ampliação do mercado turístico interno e internacional. Esse é um fenômeno mundial. Impulsionados pela estabilidade econômica e por um período de taxas cambiais favoráveis, os brasileiros têm viajado cada vez mais, não só no próprio país como também para o exterior. Tornaram-se um público mais exigente, contribuindo para a melhoria do parque hoteleiro do Brasil.

Estatísticas governamentais extraídas da "Relação Anual de Informações Sociais", do Ministério do Trabalho (Rais/MTE) indicam um aumento crescente no número de meios de

hospedagem nos últimos anos, passando de 19.166 estabelecimentos hoteleiros e outros tipos de alojamentos temporários registrados em 2002, para 25.110, no ano de 2008.

A proximidade da Copa do Mundo, que será realizada no Brasil em 2014, traz uma animação nova para o mercado. Espera-se que 500 mil a 600 mil visitantes circulem entre as 12 cidades-sedes e, para dar conta dessa demanda, programas de qualificação e capacitação de mão de obra vêm sendo desenvolvidos por meio de parcerias entre os governos federal, estaduais e instituições privadas, representando novas oportunidades de crescimento aos profissionais que querem se desenvolver em suas carreiras.

HOTELARIA E ECONOMIA

A hotelaria cumpre importante papel na economia do turismo. Estimativas do mercado avaliam que cerca de 33% das despesas com viagens sejam direcionados aos gastos com hospedagem. Segundo o estudo "Meios de hospedagem – Estrutura de consumo e impactos na economia", realizado pela Fundação Instituto de Pesquisas Econômicas (Fipe) para o Ministério do Turismo, o setor hoteleiro é um dos que mais contribuem para melhorar a distribuição regional de renda e diminuir a fuga de capital nas regiões onde estão instalados os meios de hospedagem.

De maneira simplista, costuma-se definir o hotel como um estabelecimento no qual se aluga um quarto, em geral com algum serviço de alimentação – incluso ou não no valor da diária –, por uma estada curta. Num contexto mais amplo, sabe-se que os serviços hoteleiros podem incluir atividades complementares, tais como lazer, reuniões de negócios, entre outras.
Por isso, outro importante aspecto a considerar sobre o mercado hoteleiro é seu impacto positivo na geração de emprego, uma vez que

avanços tecnológicos que otimizam a produção em diversos setores, não interferem na demanda por mão de obra. A hotelaria se mantém como uma atividade intensiva em mão de obra, absorvendo inclusive pessoas que se iniciam no mercado de trabalho, imigrantes e pessoas de menor qualificação profissional, recrutadas nas comunidades vizinhas ao empreendimento hoteleiro. O que pode fazer diferença – e sempre faz – é o nível de qualificação exigido para o trabalho.

Meios de hospedagem – classificação

A classificação pontua os estabelecimentos desde os mais simples (uma estrela) aos mais sofisticados (cinco estrelas). Os estabelecimentos são distribuídos nas categorias hotel, resort, hotel fazenda, cama e café, hotel histórico, pousada, flat/apart hotel. Nessa nova matriz, os hotéis fazem sua autodeclaração de classificação, segundo os critérios estabelecidos. O Instituto Nacional de Metrologia, Normalização e Qualidade Industrial (Inmetro) desenvolveu um regulamento de avaliação e conformidade para o novo sistema de classificação hoteleira.

Tipos de hotéis pelo número de unidades habitacionais (UHs)

Pequeno porte: 40 a 50 apartamentos
Médio porte: 60 a 200 apartamentos
Grande porte: Mais de 200 apartamentos

TIPOS DE HOTÉIS

As diferenças entre os tipos de hotéis são diversas, independentemente de seu tamanho, quase sempre identificado pelo número de unidades habitacionais (UHs), que representam as acomodações de um hotel.

Para facilitar a identificação dos clientes com relação ao meio de hospedagem, foram criadas matrizes de classificação hoteleira, amplamente divulgadas em todo o mundo. Essas classificações podem ser feitas de forma independente, privada ou oficial. Ao adotar uma classificação independente, um meio de hospedagem

Matriz de Classificação Hoteleira

HOTEL

Meio de hospedagem com serviço de recepção e de alimentação e com modalidade de cobrança por meio de diárias.

RESORT

Meio de hospedagem com serviço de recepção e de alimentação e com modalidade de cobrança por meio de diárias.

HOTEL FAZENDA

Hotel instalado em uma fazenda ou outro tipo de exploração agropecuária e que ofereça a vivência do ambiente rural.

CAMA & CAFÉ

Meio de hospedagem oferecido em residências, com no máximo três unidades habitacionais para uso turístico, em que o dono more no local, com café da manhã, serviços de limpeza e cobrança de diária.

HOTEL HISTÓRICO

Hotel instalado em edificação com importância histórica.

se autoclassifica em relação aos demais. Já a classificação privada, que pode ser desenvolvida por uma publicação (guia) ou associação, reunindo diversos estabelecimentos, segue uma metodologia com critérios e padrões predeterminados.

Nos Estados Unidos, as classificações privadas são bastante difundidas e uma das mais conhecidas é a classificação por diamantes, em vez de estrelas estabelecidas pela American Automobile Association (AAA). Também são reconhecidas pelos consumidores as classificações feitas por publicações especializadas. No Brasil, o *Guia 4 Rodas*, da Editora Abril, é uma referência recorrente, enquanto no exterior, as edições do *Guia Michelin*, que classifica não só hotéis, mas também restaurantes, são respeitados mundialmente.

Associações como Relais & Châteaux e The Leading Hotels of the World também classificam estabelecimentos e são mundialmente respeitadas como referência para os consumidores. A classificação oficial é estabelecida por autoridades governamentais e vem sendo adotada por alguns países com o objetivo de padronizar a categorização dos estabelecimentos.

França, Portugal, Espanha, Alemanha, Suíça, entre outros países da União Europeia; Abu Dabhi, nos Emirados Árabes; além de Chile, Colômbia e Peru, na América do Sul, utilizam padrão oficial de classificação revisado recentemente, ou estão em pleno processo de revisão de suas matrizes de classificação hoteleira.

No Brasil, o Ministério do Turismo vem desenvolvendo uma nova matriz para a classificação hoteleira. Esse modelo prevê adesão voluntária e classifica os estabelecimentos segundo requisitos de infraestrutura (em que são avaliados instalações e equipamentos), serviços e sustentabilidade (considerando aspectos relacionados ao meio ambiente, sociedade e satisfação do hóspede).

A nova matriz de classificação hoteleira proposta pelo Ministério do Turismo distingue os estabelecimentos conforme o tipo e a categoria de cada um.

Esse sistema adota as seguintes definições para meios de hospedagem:

"Empreendimentos ou estabelecimentos, independentemente de sua forma de constituição, destinados a prestar serviços de alojamento temporário, ofertados em unidades de frequência individual e de uso exclusivo do hóspede, bem como outros serviços necessários aos usuários, denominados serviços de hospedagem, mediante adoção de instrumento contratual, tácito ou expresso, e cobrança de diária." (Lei nº 11.771/2008 – Art. 23)

"Empreendimento, público ou privado, que fornece, entre as suas atividades, serviços de acomodação. O meio de hospedagem pode ter outras atividades e oferecer outros serviços turísticos." (ABNT NBR 15)

ESTRUTURA E ORGANOGRAMA

A moderna concepção de serviços considera como cliente todos aqueles que são afetados pelo seu trabalho. Assim, existem os clientes externos, os hóspedes (no caso dos hotéis), e os clientes internos. Em relação ao recepcionista, os clientes internos são todos os demais funcionários de todas as áreas com as quais a recepção interage.

As preocupações do recepcionista não se limitam ao bom atendimento ao hóspede. Seu desempenho com o cliente externo depende, fundamentalmente, da boa relação que precisa manter com os demais setores do hotel. Afinal, quem coordena serviços prestados diretamente ao cliente, e que dependem de outros setores, é o recepcionista.

Em estabelecimentos de maior porte, os diversos departamentos e suas gerências costumam estar alinhados e subordinados a uma gerência operacional que, por sua vez, responde ao gerente geral, costumeiramente chamado de GM (do inglês general manager). O alinhamento das diversas áreas também sugere que estejam sempre em sintonia para o bom funcionamento do todo.

O organograma de um hotel varia conforme seu porte e qualificação. Conforme o porte, os nomes dos cargos e funções podem variar. Por isso, é importante que o estabelecimento deixe à disposição de todos os funcionários a descrição de cargos, com as funções e responsabilidades de cada um na hierarquia. Práticas de mercado recomendam que o funcionário que está sendo contratado assine essa descrição, demonstrando assim que ele está ciente de suas responsabilidades.

O organograma [1] representa o funcionamento de um hotel de grande porte. Num hotel considerado de médio porte ou em estabelecimentos de pequeno porte, o organograma assemelha-se ao da ilustração [2].

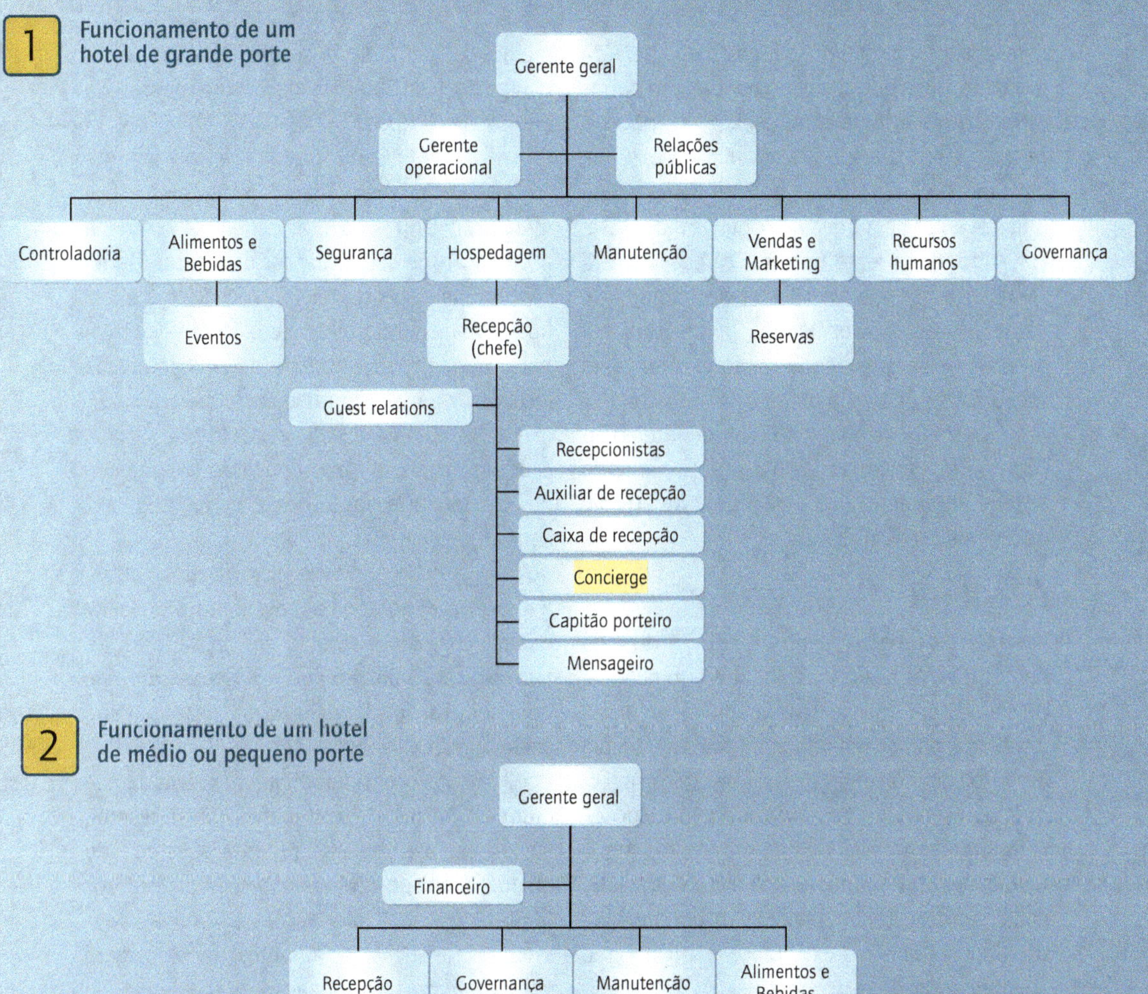

Funcionamento de um hotel de grande porte
1
Gerente geral
Gerente operacional
Relações públicas
Controladoria
Alimentos e Bebidas
Segurança
Hospedagem
Manutenção
Vendas e Marketing
Recursos humanos
Governança
Eventos
Recepção (chefe)
Reservas
Guest relations
Recepcionistas
Auxiliar de recepção
Caixa de recepção
Concierge
Capitão porteiro
Mensageiro
Funcionamento de um hotel de médio ou pequeno porte
2
Gerente geral
Financeiro
Recepção
Governança
Manutenção
Alimentos e Bebidas

O recepcionista sempre se reporta ao chefe da recepção que, por sua vez, poderá ter outras atribuições. Em hotéis menores, o recepcionista da noite é o responsável único pelo turno, devendo realizar todas as funções a ele incumbidas, conforme normas e políticas da casa. Havendo um gerente noturno, o recepcionista se reportará a ele. Nos estabelecimentos de menor porte, o recepcionista pode atuar em diversas funções: no setor de reservas ou como telefonista, por exemplo.

É bastante comum em hotéis de lazer, o recepcionista – assim como outros funcionários do hotel – atuar em shows e participar de atividades para entreter os hóspedes.

A equipe da recepção

A rotina de uma recepção de hotel é dividida em turnos e as tarefas distribuídas entre a equipe. Para isso, é indispensável trabalhar de forma integrada, pois se um falhar, a cadeia se quebra e o erro passa a ser de todos. Mas todos sabem que nem sempre é possível ter equipes coesas, com um mesmo nível de maturidade e comprometimento. Entretanto, apesar das dificuldades, cada um deve tentar melhorar o desempenho da equipe, pois os resultados positivos são compensadores.

Além do aspecto de relacionamento, como diz o ditado, "várias cabeças pensam melhor do que uma". A seguir, vamos repassar os cargos e atribuições dos componentes da equipe de recepção.

CHEFE DA RECEPÇÃO OU GERENTE DA RECEPÇÃO – Também chamado de front office manager (FOM) – orienta a equipe e coordena a operação do setor, que inclui serviços de recepção, mensageiros, telefonia, concierge e, em hotéis de menor porte, reservas. Hotéis de maior porte mantêm um subchefe ou subgerente de recepção, que se reporta ao chefe da recepção.

ASSISTENTE DA GERÊNCIA DE RECEPÇÃO – Ajuda no controle e na supervisão das atividades do setor (recepção, reservas, mensageiros, concierge, telefonia).

RECEPCIONISTA – No exercício de suas tarefas, é responsável por toda a movimentação relacionada à chegada e à saída dos hóspedes. É ao recepcionista também que o hóspede se dirige para solicitar um late check-out, antecipar sua saída ou estender sua estada.

CONCIERGE – considerado uma espécie de "zelador do hóspede", esse profissional é responsável pelo atendimento durante a estada do cliente, em tudo o que ele necessitar fora dos limites do hotel: informações e reservas para passeios turísticos, restaurantes, ingressos para shows e teatros, confirmação de passagem aérea, entre outros. Em hotéis de menor porte, o recepcionista exerce também essas funções. Por

Concierge, o zelador do hóspede

Concierge vem do francês e é uma abreviação para o termo *comte des cierges*, que significa "contador de velas", termo usado na França no século XII para designar o funcionário de um castelo controlavam entrada e saída de todos no local que servia como ponto de referência para informações nos arredores. Mais tarde a função foi incorporada à rotina da hotelaria. Muitos concierges ingressam nos hotéis como mensageiros ou porteiros. Em 1929 foi criada na França a Associação Internacional dos Concierges Les Clefs d'Or, com o objetivo de formar uma rede de contatos entre os concierges. Seus associados usam um broche dourado com o símbolo da entidade: duas chaves cruzadas, que significam o abrir de portas das cidades aos visitantes. O concierge lida com situações inusitadas, que vão desde o aluguel de jatos particulares, helicópteros e iates, até o envio de correspondências e entregas expressas, ou mesmo compra de serviços de viagens, alterações de rotas etc. Por isso precisa, acima de tudo, ter uma excelente rede de contatos.

isso, ele precisa conhecer bem sua cidade, ser capaz de sugerir pontos turísticos importantes, saber sobre todos os espetáculos e onde se realizam, além de poder informar como chegar ao local sem ser de táxi.

CAPITÃO PORTEIRO – Supervisiona e coordena a equipe de mensageiros, planejando os horários de acordo com a previsão de reservas. Também é responsável pela manutenção e aparência da entrada e do lobby do hotel, além de contribuir para a segurança geral.

MENSAGEIRO – Acompanha o hóspede ao apartamento logo após o check-in, verificando o funcionamento da TV, do ar-condicionado e de outros aparelhos, se for o caso. No momento do check-out, ajuda no transporte das malas até o lobby. Presta informações sobre os restaurantes, bares e outros espaços de convivência do hotel.

AUXILIAR DE RECEPÇÃO – Presta assistência ao setor em trabalhos burocráticos relacionados à chegada e à saída dos hóspedes.

TRAINEE DE RECEPÇÃO – Profissional iniciante no setor, em período de treinamento. Só deve entrar em contato com o hóspede quando estiver preparado para o atendimento, mesmo assim, sob a supervisão de seu tutor. O trainee recebe orientação de um funcionário mais experiente que vai lhe ensinar os procedimentos em todos os turnos. Em hotéis maiores, o trainee começa realizando trabalhos burocráticos, auxiliando os demais funcionários da recepção.

CAIXA DE RECEPÇÃO – Funcionário responsável pela entrega da fatura ao hóspede na saída. Deve conferir o lançamento das despesas, incluindo o consumo do frigobar, evitando pendências. Em caso de faturamento, verifica se os dados do cliente estão corretos. Oferece ao hóspede uma via para conferência antes de apresentar a nota definitiva, que será assinada para faturamento ou que poderá ser paga em espécie, cheque ou cartão de crédito ou débito.

GUEST RELATIONS – Em hotéis de grande porte, o funcionário de guest relations fica posicionado no andar executivo, ou pode ter uma mesa junto à recepção, onde recebe as solicitações dos hóspedes. Como exerce a função de Relações Públicas (RP) da empresa, tem que estar atento a qualquer problema que envolva os hóspedes, reportando-se à gerência do hotel com o objetivo de solucioná-lo. Também faz parte da rotina do guest relations circular pelas áreas públicas do hotel, para prestar assistência especial aos hóspedes VIPs.

A RECEPÇÃO E OS OUTROS SETORES DO HOTEL

Para que um hotel funcione bem, é preciso combinar de forma eficiente dois aspectos aparentemente conflitantes: autonomia e integração. Todos os setores, inclusive a recepção, têm sua autonomia e gestão independentes, mas o bom funcionamento do estabelecimento vai depender do total entrosamento entre todos. A integração entre as equipes gera a excelência no atendimento e na qualidade dos serviços. O chefe da recepção precisa atuar de forma coordenada com os demais setores que prestam atendimento ao hóspede em sua estada, tais como governança, serviço de quarto, manutenção, entre outros serviços.

Reservas

As reservas feitas pelo setor responsável, de acordo com as informações dadas pelos hóspedes, posteriormente são repassadas à recepção.

Cliente oculto

Hotéis de maior porte mantêm como instrumento de controle de qualidade a inspeção do cliente oculto (mystery shopper), ao longo de todo o ano, e este pode ser o próximo hóspede na fila do check-in. Nessas ocasiões, o comportamento de cada setor é rigidamente investigado. Por isso, os hotéis precisam manter uma rotina de treinamento constante e os funcionários, de sua parte, devem ter o cuidado de seguir as normas de procedimento, desde padrões de atendimento ao cliente a ambientação de uma dependência do hotel. O cliente oculto vai verificar se o recepcionista vai seguir as recomendações do hotel de dirigir-se ao cliente chamando-o pelo nome, por exemplo, ou se a música que está sendo tocada na recepção está adequada aos padrões definidos pelo hotel, ou mesmo se o capitão porteiro mantém sua postura e atendimento corretos.

Comunicação e integração

Uma boa fonte de interação e integração é o log book – livro de ocorrências para registro de fatos que fogem à rotina. Lá o recepcionista pode obter informações tanto para o atendimento ao hóspede, que liga perguntando por algum objeto esquecido, por exemplo, quanto para o alinhamento das equipes em relação ao que aconteceu no hotel, às providências tomadas, e ao que ficou pendente. É fácil manter-se informado, já que todos os funcionários de todos os turnos leem e assinam diariamente esse livro.

Antes de cada mudança de turno na recepção, os funcionários que estão de saída devem deixar os relatórios de ocupação prontos e sem erros de lançamento para agilizar e facilitar o trabalho dos recepcionistas do turno seguinte. Um dado importante a ser conferido é o no-show, que deve ser registrado para liberar os apartamentos.

Em caso de dúvida, é a recepção que esclarece com o setor de reservas, e não o hóspede. Essa é uma etapa muito importante, pois uma reserva malfeita pode gerar problemas na chegada do cliente. Cabe ao setor de reservas investigar as preferências e necessidades especiais do hóspede e repassá-las à recepção.

Em hotéis menores, a recepção se encarrega também das reservas. Nos demais, há sempre um setor responsável por esse serviço. Nos fins de semana, em horários de plantão, no entanto, a recepção assume o atendimento dos pedidos de reservas, que serão encaminhados assim que possível ao setor responsável.

Em hotéis de médio e grande porte, o setor de reservas está subordinado à gerência de vendas.

Controladoria

Em relação à controladoria, o recepcionista se certifica de que os lançamentos de entrada e saída de hóspedes sejam feitos corretamente e apurados todas as noites. Cabe ao responsável de cada turno certificar-se de que a movimentação do caixa foi lançada corretamente na passagem de serviço, o que vai facilitar o trabalho da controladoria no final do dia.

A verificação diária de toda a movimentação de caixa do hotel é feita pelo auditor noturno (controller), que responde ao departamento financeiro. A função principal do auditor noturno é controlar todas as atividades que geraram movimento de caixa ao longo do dia, deixando tudo zerado para o reinício das operações no dia seguinte. Cabe também a esse profissional verificar se todas as diárias lançadas estão de acordo com as reservas feitas e se as despesas extras dos hóspedes foram registradas devidamente. Também é sua responsabilidade fazer a leitura de todas as máquinas registradoras dos restaurantes e bares do hotel, bem como zerá-las para o reinício das operações no dia seguinte.

Governança

A governança e a recepção precisam manter uma comunicação constante ao longo do dia para checar as informações sobre a ocupação do hotel. Um dos instrumentos usados para essa comunicação é o borderô, ou relatório de discrepâncias, que é um documento interno feito pela governança pelo menos duas vezes ao dia para verificar a real situação de ocupação dos apartamentos e validar as informações registradas na recepção sobre a ocupação efetiva dos apartamentos. Se um hóspede reserva um apartamento de solteiro, por exemplo, e o quarto é usado por duas pessoas, isso será verificado pela governança e informado à recepção.

A interação entre a recepção e a governança tem que ser estreita para aprimorar o atendimento ao hóspede. Assim que recebe um pedido do cliente no momento do check-in – por exemplo, uma cama extra ou algum outro item especial –, principalmente quando isso não foi comunicado previamente ao setor de reservas, o recepcionista deve fazer com que essa demanda chegue à governança para que sejam tomadas as providências necessárias.

Não só na chegada, mas durante toda a estada, essa comunicação tem de ser permanente e eficiente. E até mesmo depois que o hóspede deixa o hotel, ela continua sendo necessária, já que cabe à governança informar à recepção, por exemplo, se o hóspede esqueceu algo em seu apartamento. Os itens encontrados, geralmente, ficam na guarda da governança por um tempo determinado, mas quando o hóspede se dá conta de que esqueceu alguma coisa é com a recepção que ele vai falar para recuperar o que deixou. É fundamental que os funcionários estejam todos informados sobre o objeto que fora esquecido no quarto.

Manutenção

Os funcionários desse setor devem ser bons aliados do recepcionista. São eles que providenciam eventuais consertos nos apartamentos que, claro, são solicitados à recepção. Convém ficar atento, já que reparos ou coisas que não funcionam são potenciais fatores de estresse.

O chefe da recepção também vai coordenar com os setores de manutenção e governança o bloqueio de apartamentos que precisam ser fechados para consertos ou reformas, desde o mais simples conserto de vazamento em uma unidade, até a interrupção de serviços em um grupo de apartamentos por motivos diversos.

Ao detectar que um apartamento precisa de reparos – lavagem de tapete, retoque de pintura, por exemplo – a governança solicita o bloqueio do apartamento à recepção. Isso será registrado e justificado no borderô de ocupação, e o apartamento será indicado como fora de uso, portanto, não disponível para reserva. Num mês em que o hotel tem baixa ocupação, um andar inteiro pode ser fechado para limpeza, faxina ou manutenção, por exemplo. Em geral, os hotéis se planejam para isso, mas incidentes podem acontecer.

Alguns hotéis mantêm à disposição do hóspede, dentro do quarto, um formulário para anotação de eventuais irregularidades, tais como lâmpada queimada, ou para indicar a necessidade de algum outro reparo emergencial. Pode também ser um door knob para o hóspede deixar na porta, o que facilita o trabalho.

Segurança

No que diz respeito à interação com a equipe de segurança, cabe à recepção avisá-los sobre qualquer ocorrência fora do comum. Outra ocasião delicada é a chegada de hóspede VIP, que pode implicar uma vistoria da Polícia Federal ou outros procedimentos de prevenção.

O recepcionista ou chefe da recepção fará as apresentações da segurança interna à segurança particular do hóspede.

À noite, caso algum hóspede solicite a presença do recepcionista em seu apartamento para informar alguma irregularidade ou reclamar sobre algo, o funcionário deverá sempre ir acompanhado de um segurança, como medida de proteção.

Door knob
Formulário impresso para maçaneta da porta. Pode conter a solicitação para o hóspede não ser incomodado ou para o quarto ser arrumado

Mesmo em hotéis pequenos, recomenda-se ao funcionário da recepção que nunca vá sozinho até o quarto de um hóspede. Se não houver um segurança, deverá acompanhá-lo um mensageiro ou outro funcionário que esteja disponível no momento.

A operação da recepção

Muito mais que principal porta de entrada ou cartão de visitas de meio de hospedagem, a recepção é órgão vital para o seu funcionamento. Como o coração que bombeia o sangue que circula pelo corpo, a recepção movimenta os corredores do hotel, direcionando hóspedes aos quartos, oxigenando os demais setores do estabelecimento, seja uma pousada de luxo, resort, hotel urbano, ou um hotel-cassino como os de Las Vegas.

UM OLHO NO CLIENTE, OUTRO NA OCUPAÇÃO DO HOTEL

Ao receber com cordialidade o hóspede que acaba de chegar, o recepcionista deve ter em mente o quadro de ocupação de hotel que atenderá às demandas: apartamento em andar alto ou baixo, com ou sem vista, para fumante ou não-fumante, tipo de camas.

A intensificação do uso da tecnologia na rotina de trabalho faz com que, em muitos casos, o recepcionista fixe mais sua atenção na tela do computador do que no hóspede que está à sua frente. O bom recepcionista acolhe, sorri, olha nos olhos, procura chamar o hóspede pelo nome. Se ele domina as condições de ocupação do hotel, saberá se há apartamentos vagos, e isso permite que ele ofereça imediatamente ao hóspede a Ficha Nacional de Registro de Hóspede (FNRH) para ser preenchida. Isso dará tempo para ele localizar a reserva. Mas, encontrando ou não a reserva, o

É comum, logo que o hóspede chega ao hotel, o recepcionista levar algum tempo procurando o nome na lista de reservas. Essa espera torna o hóspede apreensivo. Em sua mente brotam dúvidas do tipo: "Será que não fizeram minha reserva?"
Para dar mais segurança ao hóspede e mostrar um atendimento de primeira, procure no início do dia de trabalho, revisar as reservas feitas. Claro que não dá para guardar todos os nomes, mas analisar a lista com antecedência refresca a memória e facilita a localização.

Em hotéis de redes nacionais e internacionais, que atendem a hóspedes corporativos que fazem viagens com múltiplas paradas, o recepcionista pode e deve tomar a iniciativa de perguntar ao hóspede qual será o próximo destino, com a finalidade de oferecer-lhe a reserva em um dos hotéis da rede.

Governo do Estado
Secretaria de Segurança Pública
FNRH - Ficha Nacional de Registro de Hóspedes

Pessoa Jurídica:

Reg. Ebt:

Empreendimento:

Tipo:

Cat:

Telefone:

Endereço:

CEP:

Município:

UF:

Favor usar esferográfica e letra de forma: *Please ball point and block letters:*

Nome Completo *Full Name*

Telefone *Telephone*

Profissão *Occupation*

Nacionalidade *Nationality*

Idade *Age*

Sexo *Sex*

☐ M ☐ F

Documento De Identidade *Travel Document*

Número *Number*

Tipo *Type*

Órgão Expedidor *Issuing Country*

Residência Permanente *Permanent Address*

Cidade, Estado *City, State*

País *Country*

Última Procedência *Arriving From* **(Cidade, País** *City, Country***)**

Próximo Destino *Next Destination* **(Cidade, País** *City, Country***)**

Motivo da Viagem *Purpose of Trip*

☐ **Turismo** *Tourism*
☐ **Negócio** *Business*
☐ **Convenção** *Convention*
☐ **Outro** *Other*

Meio De Transporte *Arriving By*

☐ **Avião** *Plane*
☐ **Navio** *Ship*
☐ **Automóvel** *Car*
☐ **Onibus/Trem** *Bus/Train*

Assinatura do Hóspede *Guest's Signature*

ENTRADA:
Data   Hora

SAÍDA:
Data   Hora

Acompanhantes   UH Nº   FNRH   Registro

PARA USO DA EMBRATUR

Código   Código   Código   Código
País   Prof.   Proced.   Destino

Nota: Informações mínimas obrigatórias.

recepcionista pode identificar o tipo de apartamento mais adequado para oferecer ao hóspede, dar as explicações necessárias e prosseguir com a rotina de registro, já com a ficha preenchida.

Efetivando o check-in do hóspede, o recepcionista faz o bloqueio do apartamento no sistema, conforme o tempo de permanência que lhe foi informado. Esse bloqueio, as informações sobre o número de hóspedes que vão ocupar o apartamento e a duração da estada são importantes para a governança elaborar o relatório ou borderô de discrepâncias. O relatório, na verdade um formulário, vai ajudar os supervisores de andares na vistoria das unidades, segundo os critérios de status, situação, número de hóspedes e de bagagens, entre outros.

No momento do check-in, é imprescindível que o recepcionista zele pela primeira impressão que o hóspede tem do hotel. Se o apartamento não está pronto, o recepcionista pode oferecer um drinque no bar ou outra opção, para amenizar o tempo de espera. Muitos hotéis mantêm no hall um balcão com café, água ou até frutas para oferecer aos clientes.

Ao destinar um apartamento a um hóspede, o funcionário deve certificar-se de que o quarto esteja efetivamente vago e limpo. É indispensável fazer isso antes de entregar a chave ao hóspede. O atendimento deve ser sempre cortês e eficiente. Sem exageros, o recepcionista deve transmitir segurança e gentileza para que o hóspede se sinta acolhido.

Quando o hóspede entrega a Ficha Nacional de Registro de Hóspede, o funcionário da recepção deve checar o preenchimento de todos os campos, já que esse documento contém dados valiosos para as ações de marketing dos hotéis, revelando informações importantes para que se possa conhecer mais sobre o perfil dos hóspedes.

Um olhar mais atento sobre o hóspede permite ao recepcionista identificar o seu perfil – idade, nacionalidade, tipo de viagem, tempo de permanência, temperamento – facilitando a comunicação. No entanto, nada de olhares ou perguntas indiscretas. Comentários invasivos inapropriados e atitudes inadequadas são inaceitáveis.

Quando chegam os grupos

Com a previsão de chegada de grupos, principalmente se forem grandes – e mesmo na saída –, a recepção tem que saber se o número de funcionários é suficiente para que o check-in e o check-out sejam tranquilos. É importante comunicar à governança a chegada de grupos grandes. Isso garantirá que todos os apartamentos estejam prontos e bloqueados.

Na chegada

Caso os apartamentos não estejam todos prontos na chegada do grupo – seja devido a uma

O *que todo recepcionista de hotel precisa ter na ponta da língua*

SOBRE O HOTEL

» Número de apartamentos, tipo e divisão por andar;

» Instalações e andares para fumantes ou não-fumantes;

» Endereço e telefone do hotel;

» Número de apartamentos disponíveis;

» Valor de tarifas e política tarifária;

» Nome do gerente geral, gerente de vendas e gerente de recepção.

SERVIÇOS

» Nome do restaurante, especialidade, horários de refeições e funcionamento.

EQUIPAMENTOS

» Espaços para eventos (quantas salas, capacidade, funcionalidade, nomes);

» Localização, horário de funcionamento e equipamentos disponíveis para o lazer (piscina, fitness center, salão de jogos e outros);

» Horário do serviço de quarto (room service).

NOS APARTAMENTOS

» Como funcionam o ar-refrigerado, o cofre, o secador, a água quente, a televisão.

» Voltagem das tomadas;

» Acesso à internet, operação do telefone e ramais internos de uso mais frequente dos hóspedes;

» Localização de cobertor e travesseiro extras;

» Cobranças extras e amenidades (cortesias do hotel) e objetos ou acessórios que podem ser emprestados ao hóspede.

INFORMAÇÕES GERAIS SOBRE DESLOCAMENTOS

» Referências para ida ou vinda do aeroporto, pontos turísticos e centro de compras;

» Distâncias aproximadas dos principais aeroportos, pontos turísticos, centros de compras próximos ao hotel e custo estimado de corrida de táxis;

» Alternativas de transporte.

SOBRE A EMPRESA

» Endereço do escritório central;

» Nomes completos de seu vice-presidente no continente, região ou nacional, conforme o caso; diretor administrativo; diretor financeiro; diretor de recursos humanos.

elevada ocupação na noite anterior, ou a algum outro problema operacional – pode ser oferecido um lanche, ou mesmo uma refeição enquanto o grupo espera a liberação.

À medida que os apartamentos sejam liberados – geralmente não ficam prontos ao mesmo tempo – o recepcionista prioriza a entrega das chaves aos hóspedes da lista daquele grupo (rooming list) conforme a orientação do condutor/líder do grupo. Essa priorização pode ser feita seguindo uma questão hierárquica (no caso de empresas), faixa etária, ou pela urgência no atendimento. Esse procedimento é padrão e evita mal-entendidos com os integrantes do grupo.

Na saída

O atendimento a grandes grupos resulta num possível acúmulo de malas, sobretudo no check-out. A situação é previsível e contornada quando se destina previamente um lugar para guardar as bagagens. Tal procedimento torna-se ainda mais adequado para atender a grupos de músicos, por exemplo, que carregam bagagem especial. Mais uma vez, quem organiza isso tudo é a recepção, dando ciência ao capitão porteiro e ao mensageiro em serviço sobre a movimentação do grupo. A sala privativa para o check-out de grupos especiais ajuda a aliviar o movimento na recepção, ao mesmo tempo em que se oferece um serviço diferenciado ao grupo.

O BALCÃO DA RECEPÇÃO

Na relação direta com o cliente, é preciso ter mais do que "jogo de cintura" para conciliar os interesses do hotel às demandas dos hóspedes, às vezes conflitantes. É no balcão da recepção que os hóspedes negociam aquilo que todos gostariam de ter: entrar mais cedo do que o horário programado – early check-in – e sair depois da hora-padrão: late check-out.

Cada hotel tem seu manual

Proibição de receber acompanhantes nos apartamentos, horário para uso da piscina, política de descontos, aceitação de animais de estimação, tolerância a reserva não garantida, concessão de early check-in ou late check-out são exemplos de regras estabelecidas pelos hotéis. Os manuais de procedimentos também estabelecem outras rotinas, como, por exemplo: controle do tempo para atendimento de um cliente ao telefone; como se dirigir ao cliente – chamando-o pelo nome, usando alguma forma de tratamento – seja ao telefone ou enquanto faz seu check-in.

É preciso sorrir e ser gentil para quem está na sua frente

★★★★★

Se a ocupação do hotel estiver alta, será difícil conceder late check-out superior a uma hora ou duas de cortesia. Nesse caso, a simpatia para dizer não pode valer muito. Se o hóspede for VIP, a gerência deve ser consultada, mesmo sabendo que a decisão costuma ser favorável ao hóspede. Em outras situações excepcionais a consulta ao superior é sempre a melhor saída.

Algumas vezes o hóspede pode apresentar comportamento agressivo na recepção, seja falando alto, ou demonstrando descontrole. Cabe, então, ao recepcionista manter a calma. O importante é retirá-lo da recepção o mais rapidamente possível, convidando-o a passar para local mais reservado, onde ele será ouvido com mais atenção e com o compromisso do recepcionista de tentar resolver o problema da melhor forma possível.

Atender a esses pedidos do hóspede tem algumas implicações operacionais. No entanto, é possível se programar para tais ocorrências. Ao conceder o late check-out, o hotel assume o ônus de programar a limpeza do apartamento para o período da noite, quando o número de funcionários da governança já é reduzido.

A prorrogação do tempo de permanência do hóspede no apartamento tem de ser comunicada pela recepção à governança, a quem cabe equacionar o número de funcionários necessários para realizar esse serviço no horário correspondente. Mesmo tendo autonomia para atender ao pedido do hóspede, é importante, portanto, que o recepcionista avalie o impacto dessa decisão no funcionamento geral do hotel. Por isso, voltando ao trabalho integrado, é preciso sorrir e ser gentil para quem está na sua frente, sem se esquecer dos que estão na retaguarda.

OS LIMITES DA AUTONOMIA

É sempre mais fácil trabalhar com regras claras. Isso diminui a insegurança e a dependência no dia a dia profissional. Quando o estabelecimento tem procedimentos padronizados e incorporados na rotina, a autonomia do recepcionista pode ser exercida de modo consistente e firme, permitindo que ele tome decisões sem medo. Por outro lado, a padronização dos serviços contribui para a qualidade da prestação dos serviços: para os funcionários, permite que atuem de forma mais objetiva e para os clientes ajuda a definir o que esperar do serviço pelo qual estão pagando.

Isso é comum em meios de hospedagem que pertencem a redes internacionais, por exemplo, que costumam trabalhar com manuais de procedimentos e normas que orientam os limites de atuação de cada funcionário. Dessa forma, se o recepcionista precisar negar algum pedido, ele o faz sem constrangimento.

O hóspede, por sua vez, percebe isso. Nesse manual de procedimentos, o recepcionista encontra situações previsíveis e os procedimentos adequados, conforme a política de normas do hotel.

Em hotéis de redes internacionais, as regras de procedimento costumam ser claras e seguidas à risca. Na América Latina, incluindo o Brasil, mesmo em hotéis de cadeia internacional costuma ocorrer certa flexibilização de procedimentos. Como resultado, vez ou outra o recepcionista perde sua autonomia. Mesmo em se tratando de uma unidade de rede de cadeia internacional, em que o grau de autonomia (empowerment) de cada cargo costuma ser claramente definido, observa-se que pode prevalecer uma redução no grau de autonomia (ou lack of empowerment), num exemplo de "tropicalização" negativa dos procedimentos. Muitas vezes a prática do "você sabe com quem esta falando?" prevalece e o recepcionista, mesmo seguindo as regras, perde a razão.

O exercício da autonomia é resultado de bastante treinamento e da prática diária na operação de um hotel. No Brasil, ainda é comum ver o funcionário da recepção ter que recorrer a um superior na hora de tomar uma decisão diante do pedido de um cliente. A rapidez da resposta e o empenho do funcionário na solução do problema são fatores que influem na qualidade do atendimento. Se a resposta não estiver ao seu alcance, conforme a importância ou gravidade do assunto, ele terá mesmo que solicitar permissão da chefia, mas, de modo geral, recomenda-se que os funcionários sejam treinados dentro das regras estabelecidas. Dessa forma, se sentirão seguros para agir conforme as normas do estabelecimento.

A questão da autonomia do funcionário da recepção é um assunto delicado. Para que um recepcionista exerça seu poder de decisão, ele precisa ter todo o apoio da gerência. Sempre que houver um ponto de conflito, o tema terá que ser resolvido longe dos olhos e dos ouvidos do cliente. Os casos mais emblemáticos costumam ser levados a reuniões com os gerentes para avaliação e novas decisões sobre procedimentos.

PRIORIDADES, UMA QUESTÃO DE BOM SENSO

O recepcionista está fazendo o check-in de um hóspede. Toca o telefone na recepção. Uma terceira pessoa se aproxima com uma demanda urgente. Como priorizar as demandas?

A quem atender primeiro é uma decisão que precisa ser tomada rapidamente, sob o calor da pressão do momento. O recepcionista precisa estar preparado para lidar com essa situação. Um pedido por vez, cada um ao seu tempo: ao hóspede, pede um momento para atender ao telefone, informando que voltará em instantes. Enquanto faz o mesmo quanto ao terceiro.

Tarifa especial para quem chega sem reserva

Principalmente no exterior, há hotéis que usam seus sistemas de gerenciamento de reservas para otimizar sua taxa de ocupação, oferecendo unidades disponíveis de última hora por tarifas promocionais, o que acaba beneficiando o cliente que chega sem reserva. Essa prática é facilmente encontrada em hotéis de cidades como Orlando e Las Vegas, nos Estados Unidos.

Isso se torna possível porque antes ou depois da chegada de grandes grupos a um hotel, a grade de reservas pode apresentar muitas unidades ociosas, com alguns dias de baixa ocupação. Então, é possível oferecer, para esses dias, tarifas especiais, e o recepcionista deve informar ao hóspede que a tarifa oferecida é promocional, diferente do valor cobrado regularmente.

Cada caso é um caso e a sensibilidade para priorizar as demandas é algo que se aprende com a prática. Não existe uma regra, mas nesse caso o bom senso sinaliza para se atender o caso mais urgente, pedir aos outros para esperarem e, se possível, pedir ajuda.

E SE NÃO TIVER UM APARTAMENTO PARA O CLIENTE?

Nem sempre quem chega ao hotel encontra um apartamento à sua espera. Alguns reservam e não conseguem quarto, enquanto outros simplesmente não aparecem. Essas situações comuns no dia a dia de qualquer meio de hospedagem requerem procedimentos específicos por parte do recepcionista. Nesse sentido, quanto mais claras e internalizadas as regras, mais fácil será agir com segurança e cordialidade.

Os casos em que o cliente chega ao hotel sem reserva são chamados no jargão profissional de walk-in. Não adianta procurar o nome do hóspede na lista, pois ele não vai estar lá. A esse cliente, em geral, é oferecida a tarifa balcão que, no Brasil, costuma ser a mais cara do hotel. Mas nada impede que o recepcionista tente buscar tarifas especiais para o cliente. Em muitos casos, quando se trata de uma viagem de negócios, é possível que a empresa do cliente tenha algum acordo com o hotel ou tenha direito ao plano de tarifa corporativa oferecido pelo estabelecimento. E se a casa estiver lotada, mesmo sendo um cliente sem reserva, o recepcionista deverá ajudá-lo a encontrar outro meio de hospedagem que possa recebê-lo.

Em vez de simplesmente informar a tarifa balcão, a negociação de uma oferta pode ser uma excelente oportunidade de se conquistar não apenas um hóspede, mas talvez todos os funcionários de uma empresa. Nesse momento, o recepcionista que assume a posição de vendedor deve ter em mente que está vendendo um "produto", não o "preço". E, diferentemente do que se costuma observar, quando muitas vezes eventuais promoções não são amplamente divulgadas, estas devem ser oferecidas prontamente ao cliente.

Quando o hóspede se mostrar descontente com a acomodação que lhe foi reservada e estiver disposto a pagar uma diferença como extra, o recepcionista pode tentar lhe oferecer um apartamento de categoria superior – quando isso ocorre, esta venda é chamada de up selling.

Ao receber pedidos de passageiros sem reservas – pode ser até o de um grupo grande de passageiros de um voo que esteja atrasado ou que tenha sido cancelado (ao que se costuma chamar de lay over) –, o recepcionista deve ser capaz de responder rapidamente sobre a disponibilidade de quartos, informando as respectivas tarifas.

Se o hotel estiver lotado, ou com excesso de reservas, ocorre o famoso e terrível overbooking. E o hotel terá que recusar alguns clientes. Se a reserva do cliente é classificada como garantida, precisa ser respeitada. O recepcionista terá que dar atenção especial ao cliente não acolhido, encaminhando-o a um hotel de mesmo nível, o mais próximo possível, e arcando com as despesas desse transporte, como é o costume. Se a reserva for superior a duas noites, o recepcionista deverá tentar recuperar esse cliente, oferecendo-lhe um upgrade ou uma cortesia para uma próxima estada. Nessas horas, a atuação do recepcionista é muito importante para evitar que o hóspede se sinta mais atraído pela concorrência.

Uma mesa com café de boas-vindas pode ser uma boa solução para um atendimento especial, principalmente se o grupo for grande. Outro recurso é reservar uma sala de check-in exclusiva para atender aos integrantes do grupo, onde o funcionário que vai recebê-los pode aproveitar para passar informações de interesse do hóspede sobre o hotel e a cidade. Grupos de jornalistas ou agentes de viagens que chegam para conhecer o hotel nas chamadas site inspections (visitas técnicas para apresentação do hotel) costumam ser recebidos com café ou drinque de boas-vindas. Grupos que chegam cedo a hotéis onde o check-in é feito após as 14h também podem ser recebidos numa sala com lanches e sucos. Há hotéis que chegam a organizar até pequenos shows de carnaval para oferecer uma recepção calorosa a seus hóspedes.

The Ritz-Carlton

Excelência de atendimento

A rede internacional Ritz-Carlton é uma referência na qualidade de serviços em hotelaria. Ganhadora em 1992 e 1999 do Malcolm Balridge National Quality Award, premiação conferida pelo Departamento de Comércio dos Estados Unidos, seus funcionários têm mais de cem horas anuais de treinamento de serviços ao cliente.

A companhia adota como padrão de atendimento um check-in feito de forma rápida e eficiente e um programa de manutenção em que os quartos não passam mais de 90 dias sem ser renovados. Cada funcionário trabalha tendo em mente que atuará como um serviço de atendimento ao cliente e se compromete a interromper o que estiver fazendo para atender à demanda de um hóspede.

Seus funcionários também são incentivados a analisar e promover melhorias constantes nos procedimentos.

Um modelo bem-sucedido implantado em hotéis da rede foi a redução do tempo de check-in em 50%. Isso aconteceu no hotel de Osaka, num trabalho elaborado pela equipe de recepção. A rede também desenvolveu um programa de check-in diferenciado, conforme o perfil do viajante: aos executivos é dedicado um check-in mais rápido e eficiente, enquanto os viajantes de lazer podem ser recebidos com champanhe e uma apresentação mais elaborada dos serviços e das instalações oferecidas pelo hotel.

QUANDO O HÓSPEDE É VIP

Os hóspedes que merecem tratamento diferenciado nos hotéis são os chamados VIPs (Very Important Person) ou, como se diria em português: pessoa muito importante. A presença de hóspedes VIPs num hotel requer cuidados especiais para que se mantenha a perfeita harmonia entre a privacidade do hóspede ilustre e a presença dos outros. Para isso, a recepção e os demais departamentos envolvidos no atendimento a esse hóspede precisam atuar em conjunto para coordenar as ações necessárias. Na recepção é comum se ver uma fila com cinco ou seis funcionários representando os diversos setores do hotel para receber o hóspede, além do gerente geral, num sinal de reconhecimento de sua importância e de valorização da sua presença. Alguns hóspedes, como chefes de Estado, autoridades governamentais ou personalidades têm direito a tapete vermelho para sua passagem pela recepção.

Em alguns casos, em sinal de cortesia, pode-se até hastear a bandeira do seu país em sinal de reconhecimento. Quando o hóspede VIP é uma mulher, ela é recebida com um buquê de flores – gentileza também oferecida às mulheres que acompanham as autoridades ou personalidades.

Cabe à recepção coordenar todas essas ações que envolvem a passagem do hóspede VIP, desde sua chegada ao lobby até a entrada no quarto. E além das já mencionadas, existem várias outras providências, como o bloqueio do elevador, com o pessoal da manutenção a postos.

Alguns VIPs fazem exigências particulares e criam suas regras, como artistas que rejeitam a presença de funcionários nos quartos, recusando inclusive a arrumação diária durante a estada. Uns exigem privacidade, outros, para se deleitarem com a fama, preferem a exposição.

A chegada e a presença desse tipo de hóspede são informadas pela recepção ao room service, que providenciará os itens que fazem parte do atendimento diferenciado. A lista diária de hóspedes VIPs no hotel, com o status de cada um é organizada pelo recepcionista e validada pelo gerente geral ou pelo superior hierárquico. O recepcionista então bloqueia o quarto e informa à governança para que o hóspede, ao chegar ao quarto, já encontre os itens de atendimento diferenciado no apartamento, incluindo a "Oferta VIP" – termo usado na hotelaria para designar um oferecimento especial a hóspedes considerados muito importantes para o hotel e que por isso merecem atenção especial.

Autonomia *para dizer* sim

Numa cidade nos Estados Unidos, dois hotéis
bem próximos um do outro operavam com taxas
de ocupação bastante diferentes. Um hotel era
bem novo e o outro, já consolidado na cidade.
O mais antigo mantinha sua ocupação sempre
alta. Indagado sobre a fórmula do sucesso do
hotel, o gerente geral explicou que o segredo
estava na autonomia dada aos seus subordinados.
Segundo o gestor, os funcionários tinham
autonomia sempre para dizer "sim" aos hóspedes
e somente deviam recorrer ao seu superior quando
precisassem "negar" algum pedido dos clientes.
A norma dá poder de decisão ao funcionário,
mas exige bom senso e discernimento do alcance
de sua autonomia. Diferentemente do que se vê
com mais frequência, que é a necessidade de
consultar a chefia para dizer "sim" sempre que
um recepcionista se depara com uma demanda
de cliente.

Autonomia *para dizer* não

Um grupo de gerentes de uma rede hoteleira chega
de madrugada ao hotel da mesma cadeia em
Miami. Os três se identificam ao recepcionista como
executivos da empresa, mostrando seus cartões
funcionais da cadeia no Brasil. Apenas um dos três
tinha reserva — o gerente de Recursos Humanos —
e ele foi o único que teve seu check-in efetuado.
Os outros dois gerentes tiveram que fazer check-in
mediante cobrança de tarifa walk-in, que é mais
cara e paga na hora. Provavelmente, no Brasil,
o recepcionista não teria tanta segurança
para tomar sua decisão.

Qualquer alteração no horário da chegada do hóspede VIP tem que ser informada pela recepção à governança e ao serviço de quarto. Porém, enganos também acontecem. E se o recepcionista instala um hóspede regular num apartamento no qual tenha sido colocada uma oferta VIP destinada a outra pessoa? Retirar a oferta está fora de cogitação. Assim que percebe a falha, a recepção solicita com urgência uma nova oferta para o hóspede VIP, num outro apartamento disponível. Vale lembrar que, para hóspedes VIPs, não pode haver overbooking. Com esses não se pode errar e os apartamentos devem estar assegurados e prontos para recebê-los.

Oferta VIP

Recomenda-se que o gerente geral esteja na recepção para dar as boas-vindas ao hóspede VIP. Para isso, o responsável pela recepção deve mantê-lo informado sobre a chegada do hóspede. A "Oferta VIP" é um sinal de boas-vindas ao hóspede, mostra que ele é considerado pessoa muito importante para o hotel. Uma demonstração simbólica, mas com indicação de que houve dedicação no preparo – como uma dobra impecável no guardanapo, por exemplo – e que em geral vem acompanhada de uma carta de boas-vindas assinada por um dos gerentes do hotel.

A lista de produtos oferecidos varia conforme o estabelecimento e é feita pelo gerente de alimentos e bebidas, e pelo chef executivo, sendo submetida à aprovação do gerente geral. Frutas fatiadas, espumantes e chocolates são os produtos mais comuns, mas a seleção pode incluir brindes diversos como camisetas, chinelos, flores, tábuas de queijos e frios, entre outros.

A exceção e a regra

Regras devem ser sempre seguidas. Porém, o dia a dia da hotelaria demanda o uso do bom senso. No trato com seres humanos, não pode haver regras totalmente rígidas e inflexíveis. As exceções são validadas pela gerência e precisam ser conhecidas pela equipe da recepção. Se a um hóspede é concedida a autorização para receber visita no quarto, os funcionários devem estar cientes. Essa comunicação é registrada no livro de ocorrências, ou informada nas reuniões de passagem de turno da recepção, geralmente pouco realizadas, mas muito recomendadas.

Após aprovada pelo gerente geral, a lista de "Ofertas VIP" do dia seguinte é repassada pela recepção à governança e gerência de Alimentos e Bebidas (A&B). O serviço de quarto e o chef executivo ficam responsáveis pela preparação dos itens de A&B. As "Ofertas VIP" são colocadas no apartamento no dia da chegada do hóspede e podem ser renovadas diariamente. Hóspedes "muito especiais" podem ser brindados com até duas "Ofertas VIP" ao dia – uma à tarde e outra à noite. Se o hóspede é mulher ou vem acompanhado da esposa, convém acrescentar flores. Se há crianças na família, recomenda-se algo adequado à idade dos pequenos. A arrumação da "Oferta VIP" no quarto deve seguir o padrão do hotel, o que inclui detalhes como o local certo para colocá-la.

Serviços diferenciados

Para atender aos VIPs, algumas redes hoteleiras destacam um espaço exclusivo para o serviço de guest relations (relacionamento com o hóspede), assim como mordomos. Grandes redes costumam manter até andares especiais para esse público, com recepcionistas exclusivos, e podem contar, inclusive, com um lounge para refeições rápidas – geralmente café da manhã, um snack, ou drinque da tarde. Essa é uma recepção de nível mais elevado e as pessoas que trabalham nesse posto costumam ganhar generosas gorjetas, já que lidam com um público selecionado. O tratamento dispensado ao hóspede é ainda mais personalizado e, em geral, os recepcionistas dessa área têm autonomia para prestar todo tipo de serviço ao hóspede. O funcionário destacado para cuidar dos VIPs não se limita ao balcão da recepção. Circula pelo hotel para acompanhar seus hóspedes especiais durante toda a estada, dando-lhes assistência nas áreas comuns.

Hotéis com serviço diferenciado, ou mesmo hotéis butique, vêm resgatando a figura do mordomo. Esse funcionário presta atendimento personalizado ao hóspede dentro de seu apartamento, o que inclui, se o hóspede desejar, a abertura de malas para guardar as roupas, o envio de peças para a lavanderia, serviço de maître nas refeições pedidas no apartamento, e até de baby sitter, quando necessário. Muitos hotéis destinam tratamento especial às tripulações de companhias aéreas, disponibilizando uma sala para uso exclusivo desse grupo, o que proporciona mais privacidade. Nessas salas, costuma-se oferecer lanche ou sucos como cortesia.

RECEPCIONISTA POLIVALENTE – UMA TENDÊNCIA

Se, por um bom tempo, o quadro de funcionários de um hotel incluía a figura do concierge, do caixa e do recepcionista alinhados no saguão do hotel, no atual contexto global de redução de custos em que operam as organizações, o que se busca cada vez mais é o profissional com diferentes competências: conhecido como 'profissional polivalente'.

Apenas grandes redes internacionais e estabelecimentos no segmento luxo preservam o profissional concierge. Até mesmo o capitão porteiro começa a rarear no staff dos hotéis e os mais econômicos já dispensaram o mensageiro. O mais comum é que, atrás do balcão de atendimento, todos façam de tudo. Isso obriga o funcionário a conhecer todas as informações relevantes, tornando-se capaz de prestar os serviços requeridos pelo hóspede.

Em pousadas, pequenos hotéis e outros meios de hospedagem, dependendo do tamanho e do tipo de estabelecimento, a polivalência do recepcionista torna-se ainda mais evidente, principalmente em muitos destinos turísticos brasileiros, em que prevalece a presença de pequenos meios de hospedagem. Muitas vezes, o funcionário da recepção é telefonista, faz reservas, mostra os apartamentos aos clientes, assume também a função de hostess ou atendente no restaurante em horários de pique, ajudando ainda em outras áreas da administração ou de serviços ao hóspede. Nos chamados hotéis de lazer, os resorts que cada vez mais ocupam destinos de lazer no

Brasil, principalmente no litoral, muitos funcionários realizam diversas funções, incluindo atividades artísticas ou esportivas, em suas rotinas operacionais diárias.

Ao telefone, o procedimento deve ser padronizado, seguindo as normas de cada casa. O funcionário deve falar com clareza, identificando-se e, se o telefonema for de algum hóspede, deve procurar identificá-lo e tentar solucionar seu pedido.

Ser um recepcionista polivalente implica também saber informar sobre os pontos turísticos da cidade e arredores, acompanhar a previsão do tempo local e esclarecer dúvidas sobre o estabelecimento e seus serviços, assumindo uma posição de vendedor. Cabe a ele recomendar os serviços do restaurante, do SPA, da academia de ginástica e do bar. Mais do que uma exigência atual da função, esse desempenho polivalente é o que tanto o hóspede quanto a empresa esperam. Ser capaz de realizar diferentes tarefas exige postura e desenvoltura na comunicação, conhecimento de idiomas e facilidade para lidar com sistemas operacionais.

TECNOLOGIA DA INFORMAÇÃO

O desenvolvimento da tecnologia da informação a partir dos anos 1970 teve reflexos diretos no setor de turismo, incluindo a hotelaria, sobretudo com a expansão dos sistemas de reservas por computador, que surgiram nas companhias aéreas e foram adaptados às necessidades do setor hoteleiro.

Atualmente, a tecnologia da informação desempenha um papel fundamental também na operação hoteleira, não apenas no que diz respeito às vendas, mas também no que se refere aos sistemas operacionais dos meios de hospedagem, incluindo administração e contabilidade, entre outros, listados a seguir:

» Fazer o relacionamento com os sistemas de distribuições globais externos;
» Aumentar a lucratividade, através da maximização de receitas e redução de custos;
» Melhorar a eficiência operacional e financeira;
» Auxiliar no controle de todos os aspectos da empresa;
» Facilitar o gerenciamento de rentabilidade e o controle de estoques;
» Reduzir custos de mão de obra e treinamento;
» Propiciar mais agilidade nas respostas às solicitações da administração e demandas dos clientes;
» Informar de forma precisa e em tempo real a disponibilidade de vagas para o cliente e o setor de viagens (operadoras, agências de viagens, clientes corporativos, clientes individuais);
» Manter um sistema de reservas capaz de gerar informações confiáveis de forma fácil, eficiente e de baixo custo.

Avanços tecnológicos mais recentes incluem inovações nos apartamentos, tais como serviço de quarto interativo, jogos eletrônicos e facilidades para realização do check-out on-line. Além disso, o gerenciamento dos dados coletados sobre o hóspede é usado como importante ferramenta de marketing (data mining), gerenciamento e disponibilização em tempo real de valor de tarifas, conforme a demanda.

Além da implantação dos sistemas de distribuição global e sistemas de reservas on-line, a internet também possibilitou a redução de custos de capital e operacional dos hotéis, principalmente no que diz respeito às reservas, que tiveram seus custos reduzidos sensivelmente. No entanto, os pequenos e médios meios de hospedagem ainda enfrentam alguns desafios para se beneficiar do pleno uso da tecnologia da informação (TI), que os deixam em desvantagem em relação aos grandes empreendimentos. Entre eles destacam-se a falta de capital para investimentos em aquisição de hardware e implantação de sistemas operacionais; falta de conhecimento especializado de marketing; falta de treinamento para o uso dos recursos disponibilizados pela tecnologia; resistência por parte do proprietário em abrir mão do controle de sua propriedade; pequeno volume de negócios, caracterizando a ausência de economia de escala.

SITUAÇÕES EXTRAORDINÁRIAS

Uma das situações mais delicadas na hospedagem envolve questões de segurança. A tranquilidade do hóspede em relação a seus pertences e à integridade de suas bagagens deve ser uma regra de ouro, principalmente para o recepcionista que tem que estar preparado para lidar com qualquer emergência nesse sentido. Em geral, os hotéis dispõem de um manual de procedimentos e treinam seus recepcionistas para agir bem em situações extraordinárias.

Além dos casos relacionados a roubos ou furtos internos ou externos, existem ainda as emergências médicas e outras situações de risco. É fundamental que a equipe da recepção tenha domínio do manual e seja bem treinada, pois sem o devido treinamento corre-se sério risco de cometer algum erro grave, mesmo que as intenções sejam as melhores.

Assim, ao notar algo fora do comum na área da recepção, o recepcionista deve acionar a equipe de segurança. Já em caso de acidente, doença ou mal súbito, é preciso entrar em contato com o serviço de assistência médica ou hospitalar, seguindo as recomendações e normas da casa. Em geral, os meios de hospedagem mantêm convênios com clínicas médicas para atendimentos de emergência.

Treinamento de incêndio

Hotéis de grande porte, principalmente os de bandeira internacional, costumam realizar, ao menos uma vez ao ano, uma simulação em caso de incêndio. Os hóspedes são avisados e se estiverem no hotel no momento do treinamento são convidados a participar, seguindo as instruções dos profissionais que estiverem liderando o ensaio. Nessas situações, os funcionários assumem funções específicas e orientam os hóspedes sobre como agir para que seja preservada a segurança de todos.

Banho quente: uma fria

Autonomia também é uma questão de bom senso.
Numa pousada em Búzios, no Rio de Janeiro, certa
vez, o hóspede informou ao funcionário da recepção
que não havia água quente no seu bangalô.
O recepcionista ofereceu-lhe a possibilidade de usar
o banheiro do bangalô vizinho, que estava vago.
Mas a cada banho, o hóspede teria que se deslocar
de um bangalô a outro, numa situação muito
desconfortável.
O proprietário do hotel não estava por perto
e, apesar de dispor de várias unidades vagas,
o recepcionista não teve autonomia para tomar uma
decisão favorável ao hóspede.

Os casos de roubo também têm seu procedimento padrão. Se o hóspede entra na recepção informando que foi vítima de roubo ou furto fora do meio de hospedagem, o recepcionista deve comunicar imediatamente à equipe de segurança. Enquanto isso, presta atendimento ao hóspede, procurando retirá-lo da área da entrada, que é considerada área estratégica. O ideal é levá-lo a uma sala reservada, oferecendo-lhe um suco, chá ou água, algo que possa acalmá-lo até a chegada de um agente de segurança, que vai acompanhá-lo ao posto policial mais próximo para fazer o registro do boletim de ocorrência (BO).

Para minimizar o desconforto do hóspede, a recepção pode providenciar uma cortesia ou a troca para uma UH de padrão superior, para o apartamento do hóspede, prestando-lhe atendimento VIP, e colocando-se à disposição para o que for necessário, com o cuidado de demonstrar preocupação, jamais, culpa.

Se o furto ocorreu dentro do quarto, a segurança é acionada e o trabalho padrão nestes casos é: verificar se a porta foi forçada, providenciar a leitura dos cartões magnéticos das arrumadeiras, consultar os registros das câmeras de vídeo nos andares. Além dessa pesquisa inicial, a equipe de segurança leva o hóspede até o posto de polícia para registro da ocorrência.

Outra situação que pode gerar problemas ou incidentes são as visitas nos quartos. Em geral não costumam ser aceitas, nem são bem-vistas pela administração de um hotel. Em casos especiais, que podem incluir reuniões de negócios, entrevistas à imprensa, o hóspede deve avisar à recepção, que passa a controlar este fluxo. Há estabelecimentos que adotam uma política para visitas, exigindo a apresentação de documento de identidade do visitante na recepção.

Chefes de Estado no hotel

A chegada de chefes de Estado requer cuidados especiais. Para recebê-los, não faltam o tapete vermelho e até uma fila de funcionários de diversas áreas do hotel, em sinal de boas-vindas. Cabe ao gerente geral fazer as honras da casa. Se a autoridade chega acompanhada de um familiar, providenciam-se flores. A coordenação do trabalho na chegada do hóspede é feita pela recepção e a preparação do quarto fica sob a responsabilidade da governança. Não raro, o gerente geral confere pessoalmente todos os quesitos desse atendimento muito especial, desde as amenidades oferecidas, muitas vezes diariamente e não apenas na chegada, até as cestas de frutas ou outros itens especiais de alimentação, que são colocados no apartamento pelos funcionários do setor de Alimentos e Bebidas.

A Polícia Federal inspeciona o apartamento e, em seguida, se for o caso, a segurança pessoal do hóspede faz a sua própria vistoria. A partir daí, ninguém mais entra na unidade até a chegada do chefe de Estado. Para recebê-los o andar inteiro é bloqueado, bem como partes comuns do hotel que podem ter sua rotina afetada momentaneamente, pela presença ou passagem da personalidade.

Lidando com celebridades

Um conhecido ator americano se hospedou no hotel que tem a piscina mais famosa do Rio de Janeiro. Embora em sua lista de exigências constasse um pedido para não ser incomodado, ao circular pela área da piscina como um autêntico anônimo, chamou o maître da piscina e o autorizou a revelar sua identidade às pessoas que ali estavam…

Se o funcionário da recepção perceber alguma má intenção do hóspede ao levar visitas para seu apartamento, alegando que vai apenas até o bar ou a outra dependência do hotel, o sistema operacional prevê a possibilidade de a recepção impedir o acesso ao apartamento, bloqueando a fechadura eletrônica. Isso obrigará o hóspede a voltar à recepção.

Os funcionários da recepção, principalmente no turno da noite, devem estar atentos a situações dessa natureza, que ameaçam a segurança do hóspede. Ao perceber algo fora do comum, o melhor é chamar, imediatamente, a segurança do hotel. São medidas que visam garantir a segurança e integridade do hóspede, ainda que ele próprio não perceba o risco potencial da situação.

Combate à exploração sexual – responsabilidade de todos

Por último, um assunto constrangedor, mas infelizmente ainda comum em muitas cidades brasileiras: exploração sexual infantil. De acordo com a lei 8069, de 13 de julho de 1990, a exploração sexual de menores é crime e o recepcionista que for conivente é considerado corresponsável, com base no que estabelece o Estatuto da Criança e do Adolescente. O artigo 70 da lei supracitada determina: "É dever de todos prevenir a ocorrência de ameaça ou violação dos direitos da criança e do adolescente." Já artigo 82, com foco na indústria do turismo, determina: "É proibida a hospedagem de criança ou adolescente em hotel, motel, pensão ou estabelecimento congênere, salvo se autorizado ou acompanhado pelos pais ou responsável."

Notando a má intenção do hóspede, o recepcionista deve informar-lhe claramente sobre a proibição. Sendo necessário, o funcionário do hotel deverá pedir auxílio à equipe de segurança.

O dia a dia da recepção nas telas do cinema

Algumas das belas histórias de amor, poder, sedução e até comédias ou suspen vistos nas telas do cinema têm hotéis com cenário. São filmes que falam um pouco, cada um à sua maneira, sobre a rotina desses estabelecimentos e dos profissiona que neles trabalham. Acabam se tornando uma divertida referência para quem se dedica à hotelaria.

- » **GRANDE HOTEL**
  Diretor: Edmund Goulding. EUA, 1932
- » **O MENSAGEIRO TRAPALHÃO**
  Diretor: Jerry Lewis. EUA, 1960
- » **PSICOSE**
  Diretor: Alfred Hitchcock. EUA, 1960
- » **CALIFÓRNIA SUÍTE**
  Diretor: Herbert Ross. EUA, 1978
- » **ESQUECERAM DE MIM II**
  Diretor: Chris Columbus. EUA, 1992
- » **POR AMOR OU POR DINHEIRO – THE CONCIERGE**
  Diretor: Barry Sonnenfeld. EUA, 1993
- » **GRANDE HOTEL**
  Diretores: Allison Anders, Alexandre Rockwell, Robert Rodriguez, Quentin Tarantino. EUA, 1995

Primeira lição

O recepcionista estava em seu primeiro dia de
trabalho num hotel localizado nos arredores do
aeroporto de Frankfurt, em Mainz, na Alemanha.
Tocou o telefone e a ligação era de alguém da
administração do aeroporto, querendo saber se
era possível acolher um grupo de 50 turistas.
Sem saber que decisão tomar, o jovem assistente
disse ao telefone:
– Um momento, por favor.
 E consultou seu superior.
– Qual foi sua resposta? – indagou o chefe.
– Pedi um momento – respondeu o iniciante.
Ao voltar ao telefone, descobriu que o cliente já
desistira de esperar e desligara, provavelmente
em busca de outro hotel. Com ar de reprovação,
o chefe perguntou:
– Há quanto tempo você está aqui?
– Hoje é meu primeiro dia, senhor.
– Então, por hoje está perdoado – disse-lhe o
superior, ensinando-lhe a primeira lição em sua nova
posição no hotel: – A disponibilidade de quartos do
hotel no momento é informação primordial que o
recepcionista tem que ter sempre à disposição, na
memória ou ao alcance da mão, em relatório digital
ou impresso sempre atualizado.

eventos

Brasil no ranking mundial de eventos

Estima-se que todos os anos 50 milhões de viagens sejam realizadas por participantes de eventos ou grupos de incentivos, moldando um segmento que movimenta US$ 30 bilhões em todo o mundo. Nos últimos anos, o Brasil vem tentando garantir a sua fatia deste bolo, ao buscar se firmar como destino internacional de eventos, não só esportivos, mas culturais, corporativos e de negócios.

Em 2009, o Brasil chegou ao 7° lugar no ranking elaborado pela Associação Internacional de Congressos e Convenções (International Congress and Convention Association – ICCA) – sendo o único país sul-americano listado entre os dez primeiros.

Para a ICCA, o Brasil é considerado promissor nesta área, ao lado de países como Japão, Canadá, Portugal e China. A cidade de São Paulo é uma das que mais abrigam eventos internacionais nas Américas. Mas, os registros da ICCA mostram que outras cidades brasileiras também vêm se destacando: Rio de Janeiro-RJ, Foz do Iguaçu-PR, Porto Alegre-RS, Salvador-BA, Brasília-DF, Belo Horizonte-MG, Florianópolis-SC, Recife-PE, Fortaleza-CE e Campinas-SP também figuram no ranking da entidade, com no mínimo cinco eventos internacionais ao ano. Em muitas delas, ressalta-se a atuação dos Convention Bureaux que, entre outras funções, trabalham voltados para a captação de oportunidades neste segmento para as cidades.

Nunca é demais lembrar que a realização de um evento movimenta de forma significativa a cadeia produtiva da cidade que o abriga – muitas vezes beneficiando também os municípios

Classificação de eventos quanto à sua dimensão

Pequeno porte: Até 200 participantes
Médio porte: De 200 a 500 participantes
Grande porte: Mais de 500 participantes
Megaevento: Envolve milhares de participantes e pode ocupar toda a capacidade do parque hoteleiro da cidade ou região

vizinhos. Os gastos dos visitantes em eventos internacionais são bem mais altos que os dos turistas estrangeiros em roteiros de lazer. As despesas referem-se a hospedagem e alimentação (numa porção mais significativa, de cerca de 60%), além de compras, presentes, transportes, cultura e lazer, telecomunicações e outros gastos.

O estudo "Impacto Econômico dos Eventos Internacionais Realizados no Brasil – 2007/2008", realizado pela Fundação Getulio Vargas, mostra que enquanto o turista estrangeiro tem um gasto médio de US$ 285,10, o gasto do turista de lazer no Brasil é de aproximadamente US$ 68.

Os impactos dos eventos

A inserção de uma cidade ou país no calendário internacional de eventos requer um trabalho de longo prazo, planejado e articulado com toda a cadeia produtiva do turismo na região, além da infraestrutura necessária para atender aos visitantes e às demandas dos organizadores. É um trabalho árduo, mas que compensa e rende frutos. Além dos investimentos destinados à preparação do local de realização, a economia da região também lucra com a grande movimentação financeira gerada pelos recursos trazidos pelos visitantes durante o evento.

Uma programação bem planejada pode garantir a ocupação hoteleira no período de baixa temporada. Até as empresas dedicadas ao turismo de lazer e comércio podem se beneficiar, já que regularmente conseguem garantir alguma movimentação em períodos pré ou pós-evento, aproveitando algumas horas livres dos participantes. O intercâmbio de experiências com a comunidade internacional, os avanços tecnológicos desencadeados e o acesso a oportunidades e desenvolvimento profissional também são valores importantes capitalizados pelos destinos receptores.

Outro aspecto positivo, porém mais difícil de ser mensurado, mas que não pode ser esquecido, é a promoção positiva da imagem de um destino que é difundida após a realização de um evento de grande repercussão que tenha sido bem-sucedido.

Por outro lado, não se deve descuidar dos impactos negativos que a falta de planejamento adequado pode trazer para as comunidades receptoras. Por isso, é cada vez mais importante cuidar para que as crescentes exigências relacionadas à sustentabilidade ambiental, social e econômica, como forma de preservação das comunidades receptoras, sejam observadas e rigorosamente respeitadas.

Os resultados obtidos por Jogos Olímpicos e Copa do Mundo, justamente os dois megaeventos que concentram as maiores expectativas do setor de turismo no Brasil para os próximos anos, animam as autoridades no país, que esperam atrair até 600 mil turistas, no período de realização da Copa de 2014 (o que representa mais de 10% do número anual de visitantes estrangeiros que recebemos).

Alemanha e Sydney são exemplos recentes de como a grande exposição na mídia internacional pode ser positiva. De acordo com relatório publicado pelo Ministério do Turismo do Brasil, a realização da Copa do Mundo na Alemanha em 2006 resultou num aumento de 9 bilhões de euros no PIB do país, e acréscimo de 5 milhões de pernoites de turistas nacionais e estrangeiros. Já os Jogos Olímpicos de Sydney, na Austrália, em 2000, são frequentemente lembrados por sua significativa contribuição para a divulgação dos atrativos turísticos e da ótima infraestrutura para realização de eventos que o país apresenta. A realização dessas Olimpíadas resultou em 1,7 milhão de visitantes adicionais à Austrália e US$ 3,4 bilhões em divisas entre os anos de 1997 e 2004.

O governo britânico, por sua vez, trabalha para a realização dos Jogos de 2012 em Londres, com a perspectiva de lucrar mais de 2 bilhões de libras no intervalo de 2007 a 2012 – considerando os efeitos relacionados aos Jogos neste período de dez anos (cinco antes e cinco depois) sob influência da realização das Olimpíadas.

TIPOS DE EVENTOS

Considera-se evento uma ocasião criada e planejada para acontecer num determinado lugar, com a participação de pessoas, com data e hora para começar e acabar, e com um objetivo específico. Um evento pode ser institucional, cultural e voltado para o público consumidor, como uma Bienal do Livro; corporativo, como uma reunião de executivos de uma multinacional; ou associativo, como são os congressos técnicos.

Identificados como promocionais ou institucionais, quanto à finalidade, também podem ser classificados segundo a área de interesse ou outros critérios. Há os eventos institucionais, que têm o objetivo de firmar o conceito e a imagem de uma empresa, de uma entidade, governo ou uma personalidade, e os que são feitos para consolidar apoio a uma campanha.

A principal diferença para os eventos promocionais é que esses têm fins mercadológicos e são realizados para promover um produto ou serviço prestado por uma empresa, e até mesmo um governo, entidade ou personalidade. Os eventos associativos, que têm sido o principal alvo de captação por parte das autoridades brasileiras nos últimos anos, são organizados por associações internacionais em

CLASSIFICAÇÃO DE EVENTOS

Feiras, exposições

Voltados para um público específico e numeroso, com duração média de uma semana e organizados por empresas especializadas.

Convenções de vendas

Direcionados a equipes de vendas e canais de distribuição de determinada empresa.

Congressos

Reúnem profissionais de uma mesma área de atuação, com participação restrita a inscritos e com abordagem de interesse do setor; podem ser realizados junto a feiras.

Roadshows

Série itinerante de eventos para lançar ou promover um produto.

Workshops

Reunião de profissionais de uma empresa, ou mais de uma, em torno de um tema.

Eventos sociais

Café da manhã, almoço, coquetel, jantar, geralmente em hotéis ou restaurantes, para atividades de relações públicas, lançamentos de produtos, etc.

Eventos culturais

Carnaval, shows, festas comemorativas.

Eventos esportivos

Podem ser organizados pelas empresas para um público mais restrito, ou a empresa pode participar como patrocinadora, nos casos de corridas de Fórmula 1, jogos de futebol, campeonatos e competições.

cidades ao redor do mundo, tais como o evento da Federação Dentária Internacional, realizado em Salvador-BA. Essa categoria engloba também os eventos técnico-científicos, tais como congressos, convenções, workshops, fóruns, seminários, simpósios, assembleias ou eventos esportivos, entre outras modalidades.

Os eventos, comerciais ou institucionais, são moldados conforme seus objetivos, público-alvo, meios de realização, forma de organização e outros aspectos. Os formatos mais comuns são feiras, exposições, convenções de vendas, congressos, roadshows, workshops, eventos sociais, eventos culturais ou esportivos.

EVENTOS ESPORTIVOS, EXPECTATIVAS E OPORTUNIDADES

Curiosamente, os primeiros registros de turismo de eventos estão associados aos jogos olímpicos da Era Antiga, ainda em 776 a.C e às festas saturnálias, que datam de 500 a.C, as quais teriam dado origem ao carnaval.

No Brasil, as expectativas com a realização da Copa do Mundo em 2014 e dos Jogos Olímpicos de 2016 são otimistas e trazem excelentes perspectivas para os próximos anos, conforme o documento "Eventos Internacionais no Brasil: Resultados 2002-2009 – Desafios para 2020", elaborado pelo Ministério do Turismo, publicado em maio de 2010.

A divulgação do Brasil em escala internacional como país sede dos dois maiores eventos do gênero no mundo, combinada ao legado de infraestrutura gerado por eles, criam "condições excepcionais" para atrair novas oportunidades do gênero, num universo de 240 realizações internacionais, entre campeonatos únicos e etapas de campeonatos mundiais. E já se percebe que o número de eventos esportivos vem crescendo, principalmente em grandes capitais, ou em cidades que têm boa infraestrutura de hospedagem, tais como São Paulo, Rio de Janeiro, Brasília e Salvador. Na Bahia, além de um crescimento expressivo nos eventos de negócios, registrados pela capital do estado, pode-se citar um reforço a eventos esportivos.

O GP de Stock Car vem sendo realizado em Salvador desde 2009, alavancando a ocupação hoteleira da cidade num período considerado de baixa temporada. Outras cidades da Bahia também estão recebendo investimentos para a realização de eventos, visando benefícios econômicos, entre os quais a contratação de mão de obra. Lauro de Freitas, município vizinho a Salvador, abrigará o Desafio Internacional de Supermoto, além de eventos internacionais de ciclismo na Chapada Diamantina, entre outros.

As autoridades de turismo no estado chegaram a citar a realização de eventos internacionais, dentre eles o Congresso da ONU de Combate ao Crime, em abril de 2010, como um dos motivos de aumento nas taxas de ocupação hoteleira da capital baiana.

Na capital fluminense, as expectativas para o crescimento do turismo de eventos ganham reforço à medida que os indicadores relativos à segurança pública no estado apresentarem melhora, e diante de um cenário positivo que inclui a retomada de investimentos na estrutura de turismo, como a abertura de novos hotéis e a volta de festivais de música, como o Rock in Rio. Depois de São Paulo, o Rio de Janeiro é a segunda cidade brasileira em número de eventos internacionais.

Congressos técnicos, científicos, eventos esportivos, feiras e exposições, megaconcertos e apresentações culturais trazem também inúmeras oportunidades de trabalho para profissionais de diversos perfis. Por isso, as empresas que os organizam mantêm um cadastro de profissionais que contratam como recepcionistas ou outras funções, geralmente em regime de serviço temporário.

Brasil esportivo

A escolha do Brasil para realizar a Copa do Mundo de 2014 pela Fifa veio em 2007, no mesmo ano em que o Brasil venceu a Turquia na disputa para sediar os Jogos Mundiais Militares, realizados em julho de 2011, no Rio de Janeiro, com sete mil participantes de 110 países. Em 2009, ficou definido que o Rio de Janeiro sediaria os Jogos Olímpicos de 2016. Segundo números da ICCA, o Rio passou de 41 eventos internacionais realizados em 2008, para 62 em 2009, melhorando sua posição no ranking mundial da entidade (que era 36° lugar), passando para o 26°.

Copa das Confederações
2001: Coreia do Sul e Japão
2005: Alemanha
2009: África do Sul
2013: Brasil

Recepcionista *attaché*, atendimento personalizado

A Copa do Mundo de 2014 e as Olimpíadas no Rio em 2016, apesar de ainda distantes no tempo, vêm aquecendo o mercado de eventos esportivos com a perspectiva de realização de outros jogos e campeonatos nos anos que os antecedem, nem todos de grande porte, mas que abrem vasto campo de trabalho. Um exemplo é a Copa das Confederações que, desde 2001 é realizada pela Fifa nos países-sede da Copa do Mundo, como um "ensaio" para o grande evento.

Para os recepcionistas, existe um nicho de mercado, que se traduz no atendimento personalizado. Essa categoria específica, denominada *attaché* (termo francês que significa colado, junto), identifica o profissional que acompanha pequenos grupos, convidados especiais, famílias em passeios, compras e outras diferentes situações que requerem habilidades diversas dos recepcionistas.

A chegada no aeroporto, no hotel, o cerimonial ou acompanhamento durante a estada são tarefas distintas que podem ser desempenhadas com maior ou menor desenvoltura, conforme as características pessoais do profissional. O nível universitário é desejável. Saber conduzir uma conversa consistente e se expressar corretamente em um segundo idioma são fundamentais nesse momento.

O recepcionista que acompanha o convidado VIP, ou o familiar que faz parte da comitiva, precisa conhecer bem os locais a serem visitados na cidade. É preciso saber o que mostrar ao visitante; conhecer um pouco da história da cidade para apontar pontos importantes no trajeto. O roteiro de passeios costuma ser organizado com antecedência pela coordenação do evento, mas um recepcionista experiente pode ter autonomia para fazer sugestões de visitas, e de restaurantes, de acordo com o perfil do seu cliente. Os profissionais que atuam nessa função costumam ser bem treinados. Os mais novos, quando designados para acompanhar um visitante VIP, em geral são monitorados por um profissional mais experiente.

Para passeios específicos incluídos na programação do convidado durante o evento, e havendo necessidade, recomenda-se a contratação de um guia de turismo especializado, profissional qualificado para dar informações mais aprofundadas sobre pontos turísticos, porém o recepcionista *attaché* permanece com o grupo como forma de manter o vínculo do convidado ao evento.

Universo de trabalho – situações e tipos de atendimento

Convenções, seminários e congressos, além de eventos de incentivos, são alguns dos exemplos de ações corporativas que demandam pessoal cada vez mais especializado. Conforme seu porte, um evento pode ter diversos pontos de recepção ou de contato com o público. Para cada um desses pontos são destacados profissionais com diferentes perfis e competências, ou seja, há vários tipos de realizações que proporcionam diferentes oportunidades para os profissionais de recepção.

Até o inesperado no check list

Na organização de um evento, todos os detalhes contam. Recorrer a check lists é um método bastante usado e importante. Quando se lida com a necessidade de organizar muitas coisas, essas listinhas tornam-se imprescindíveis. Os mais precavidos incluem a pergunta "e se..." no check list, como forma de acabar com o fantasma do "imprevisto", ou evitar que a "Lei de Murphy" se materialize. Se chover, você vai estar preparado. Se vier mais ou menos gente que o esperado, também; e assim por diante.

Bom senso não faz mal a ninguém

Frank Sinatra estava se apresentando no Rio de Janeiro. Os seguranças e recepcionistas foram instruídos a vetar a entrada de quem chegasse depois de o show ter começado. Falta de sorte de um cavalheiro, que teve que ir ao banheiro no meio da apresentação. Os funcionários cumpriram a ordem à risca e ele ficou de fora esperando o show terminar.

Um "copo de leite" no check-out?

O funcionário de uma empresa organizadora de eventos estava se preparando para participar de uma feira de turismo. A recepcionista orientava o grupo sobre o hotel reservado para hospedá-lo, ao que um participante perguntou se havia possibilidade ou previsão de late check-out, no último dia. E ouviu como resposta: "Senhor, não tenho certeza se o hotel trabalha com esta marca de leite."

PARA CADA EVENTO, UM ATENDIMENTO

Um evento associativo, como um congresso realizado por uma instituição internacional, recebe inscrições de diversos países. É preciso organizar a recepção desses participantes em pelo menos três pontos-chave: nos aeroportos (portos de desembarque internacional e de voos domésticos, se os participantes vierem de outros estados também); nos hotéis que hospedarão os participantes; e no local do evento – seja para distribuição de credenciais, atendimento em áreas VIPs, em estandes – os pontos de trabalho são diversos, conforme a necessidade de cada evento. Em muitos casos, os participantes chegam acompanhados de seus familiares, o que pode demandar os serviços do *attaché*.

A organização de um evento engloba uma lista extensa de providências, elaborada conforme a demanda do cliente. Não podem ficar de fora desse planejamento itens como decoração e cenografia, contratação de equipamentos de qualidade com assessoria técnica à disposição o tempo que for necessário, estacionamento adequado, com ou sem manobrista, dependendo da necessidade, material de credenciamento dos participantes, organização do pessoal de apoio, que inclui limpeza, florista, paisagismo, segurança, cerimonialistas, palestrantes e tradutores. Isso sem falar nas providências que dizem respeito aos próprios participantes, tais como transporte, acomodações, passeios turísticos, entre outros. Embora a organização de todos estes itens não passe diretamente pela função do recepcionista, esse profissional terá que dominar todas as informações sobre tais detalhes.

Quando é esperada a chegada de centenas, ou até milhares de participantes, o trabalho de recepção é organizado em

Mais que uma credencial, uma mensagem de boas-vindas

Credenciais, folhetos institucionais e informativos sobre o evento, programação etc. podem ser entregues diretamente aos participantes em seus quartos de hotel. O material colocado em sacolas ou mochilas – que podem ser usadas como brinde, incluindo uma mensagem calorosa dos organizadores – pode conter mais alguns mimos de instituições parceiras. Essa iniciativa além de agradar ao participante, também fará com que ele se sinta bem-vindo.

diversas frentes de atendimento, seja em aeroportos (portos, rodoviárias, estações de trem ou metrô), transporte e hospedagem. Uma equipe fica no aeroporto, outra fica no hotel, onde serão recepcionados os grupos no check-in ou para a inscrição, que poderá ser feita no próprio hotel, ou no local do evento. O transporte pode ser acompanhado por recepcionistas, em grupos menores, ou se for num ônibus, mediante a contratação de guias.

A retirada de credenciais é um momento importantíssimo e deve ser cuidadosamente planejado, ainda mais em grandes produções abertas ao público. Os recepcionistas vão atender os participantes para retirada de credenciais ou inscrições no local em estandes ou mesas (também chamadas de desks) que podem ser montados na entrada do local de realização do evento, ou do hotel que hospedará os inscritos.

Atualmente, o processo de credenciamento costuma ser informatizado e, em muitos casos, usando telefones celulares ou recursos semelhantes. Para reduzir as filas e aglomerações na recepção dos eventos que têm um caráter mais segmentado, com número mais limitado de participantes pré-inscritos, a organização pode distribuir previamente os kits de credenciais, seja colocando-os nos quartos dos hotéis, ou em envelopes entregues no momento do check-in, quando há hospedagem envolvida.

Os recepcionistas também auxiliam os palestrantes na montagem e preparação de suas apresentações, chegando a atuar como intérpretes para os operadores do projetor de slides, caso seja necessário. Em sessões abertas à participação do público, como painéis, palestras, entrevistas coletivas, os recepcionistas também auxiliam na coleta das perguntas, se forem repassadas por notas em papel, ou levando os microfones até os inscritos. Essa tarefa, porém, deve ser feita de forma organizada para não tumultuar a sessão. Os profissionais devem estar sempre atentos e aptos a prestar informações aos participantes sobre o local onde estão trabalhando e seu entorno: sala de imprensa, sala VIP, centro de transportes, segurança, restaurantes, farmácias e outros serviços na região.

O atendimento específico às demandas dos participantes, tais como trocas de horários de voos ou alguma outra solicitação, costuma ser repassado pelo recepcionista a uma agência de viagens, que poderá estar associada ao evento e que vai cuidar daquele pedido. Mesmo que não seja o recepcionista quem vá resolver o pedido, ele acolhe a solicitação e se encarrega de buscar uma solução com a parte responsável; e pode, ainda, solicitar o apoio do guia para demandas que fujam à sua alçada. Não tendo como solucionar um problema, o recepcionista deve recorrer à coordenação do evento, que filtra e organiza o trabalho dos recepcionistas.

Com tantas demandas que podem surgir, o recepcionista não deve ficar sozinho em seu posto. Ele pode precisar de cobertura e, para isso, também são usados rádios e celulares para facilitar o trabalho de coordenação e deslocar um substituto, se necessário.

Em eventos sociais, os recepcionistas trabalham com a colaboração dos cerimonialistas, recebendo os convidados e auxiliando a encontrar suas mesas no salão. No caso de aniversários, recebem os presentes e os identificam para mais tarde serem entregues ao homenageado.

REGIME DE TRABALHO

Os dias da realização do evento são um período crítico para os organizadores e equipe envolvida. Não é raro que a jornada ultrapasse oito horas nesses dias, principalmente para os funcionários que integram o quadro de pessoal da empresa organizadora, pois ele está mais envolvido diretamente e tem um comprometimento maior com sua realização. A remuneração muitas vezes inclui comissionamento sobre a renda obtida, e esta comissão pode variar de 3% a 12%, conforme a política da empresa e o cargo ou função do empregado. Aos profissionais contratados temporariamente, quando é exigido prolongamento da jornada, as horas extras trabalhadas são compensadas.

Recepcionistas costumam ser escalados no time de funcionários temporários, com registro em carteira, conforme exigências da legislação trabalhista. Também entram na equipe de temporários os seguranças, manobristas, e pessoal de serviços gerais. As empresas que organizam eventos mantêm seus cadastros de profissionais e os chamam quando necessário. As diárias para recepcionistas podem ser de quatro a oito horas. As empresas contratantes são obrigadas a respeitar o limite máximo de oito horas. A carga de trabalho durante os dias de pico pode atingir 12 horas, mas a partir da jornada de oito horas o empregador tem que pagar as horas extras.

A remuneração varia de acordo com o porte do evento, o público a que ele se destina e também em função da região em que é promovido. Nas grandes capitais a remuneração costuma ser melhor, principalmente no Sudeste. Em grandes capitais, em geral, os recepcionistas costumam ser mais bem pagos.

Quem recebe o recepcionista?

O evento seria realizado no hotel. Participantes registrados, equipamentos em ordem, bufê providenciado, recepcionistas contratadas, tudo em ordem. A secretaria do evento estava montada de véspera para que as recepcionistas pudessem atender os participantes a partir das 7h — horário marcado para a abertura dos portões. Na hora combinada, as moças não apareceram.

Sem entender o que poderia ter saído errado e pressionados pela urgência do momento, os coordenadores do evento assumiram a função de recepcionistas para credenciar os participantes que chegavam, numa tentativa de minimizar a ameaça de caos que começava a se formar na entrada do salão.

Uma hora depois, as seis recepcionistas que haviam sido contratadas foram descobertas na cozinha do hotel. Elas tinham chegado ao hotel pela entrada de serviço, e se identificado dizendo que estavam ali para "ajudar no evento"; foram direcionadas para a cozinha e lá ficaram colaborando na preparação do almoço. Estavam lavando e preparando saladas desde a hora que chegaram. Explica-se: ao serem contratadas, as moças receberam como informação apenas o endereço do hotel e o período de realização do evento.

ATRIBUTOS E COMPETÊNCIAS NECESSÁRIAS

As empresas consideram alguns aspectos fundamentais na hora de selecionar o recepcionista de eventos: aparência, experiência na função e, principalmente, postura do profissional, que tem que ser a mais sóbria e elegante possível. Carisma, agilidade e boa vontade do recepcionista pesam também, mas discrição é fundamental. Muitos imprevistos costumam ocorrer, sobretudo em relação a fornecedores, equipamentos, e a função exige que o recepcionista consiga resolvê-los sem que nada seja percebido pelos participantes, nem mesmo pelo contratante do evento. Se a solução do problema não estiver ao alcance do recepcionista, ele deverá direcionar seus esforços neste sentido, entrando em contato com o departamento responsável, que pode ser o pessoal de manutenção, tecnologia ou segurança, entre outros.

Com a crescente presença de participantes estrangeiros, o domínio de idiomas é considerado pré-requisito para a função. Inglês e espanhol são os idiomas básicos, mas a fluência em outros idiomas – considerada competência escassa no mercado – já começa a ser valorizada. Muitos contratantes já fazem entrevistas no idioma pedido para testar a fluência do candidato. Em congressos ou num evento corporativo, por exemplo, o alemão pode ser considerado o idioma oficial. Um encontro que reuniu representantes de empresas de teleféricos de diversos países no Rio de Janeiro foi organizado considerando cinco idiomas oficiais: alemão, italiano, português, inglês e espanhol. Ainda assim, como o alemão era o idioma da empresa multinacional cujo representante era o organizador do evento na cidade, as delegações puderam ser recebidas com atendimento em seu idioma oficial, o que é um sinal de cortesia e profissionalismo. Mas a realidade do mercado é que profissionais com fluência em alemão não são encontrados com facilidade.

A hora da verdade

O recrutamento é uma etapa importantíssima tanto para o candidato como para o organizador do evento. Uma falha ali pode significar arrependimento irreversível para os dois lados. O candidato é observado, desde a sua chegada, em todos os detalhes: roupas, apresentação pessoal, postura profissional, fluência verbal. Muitas vezes, a apresentação pessoal é um dos itens mais importantes nessa primeira fase. A experiência anterior e os idiomas que domina vão estar listados no currículo, mas ali é hora de fazer valer sua performance.

É bom estar sempre preparado para um teste de idiomas ou simulações de situações. Quem recruta está buscando um perfil de profissional que foi desenhado pelo cliente para a ocasião que está sendo planejada. Por isso, é tão importante não descuidar do cabelo, maquiagem, vestuário e, inclusive, impressionar na postura, com uma dicção clara e correta.

Recepcionistas especiais para um público especial

O Salão de Turismo, realizado pelo Ministério do Turismo para divulgar os roteiros e destinos do Brasil, não só contrata recepcionistas que se enquadram no perfil de portadores de necessidades como também exibe e divulga iniciativas turísticas de sucesso no Brasil, voltados para esse público.

A cidade de Socorro, uma estância hidromineral em São Paulo, é referência no tema acessibilidade, por ter hotéis adaptados e roteiros de turismo de aventura elaborados para atender a este segmento. Nos hotéis e em pontos turísticos da cidade, além de equipamentos e instalações adaptadas, o pessoal contratado é treinado para este atendimento específico.

Há situações em que o condicionamento físico é importante. A dinâmica de palco encaixa-se neste caso. Os recepcionistas do sexo masculino, embora bem aceitos porque costumam ser ótimos profissionais, ainda são poucos no mercado. Eles são procurados também em situações em que se exige um esforço físico maior, como em postos de leitura ótica, em que é preciso ficar em pé por longos turnos, ou em guarda-volumes. Os recepcionistas jovens (maiores de 18 anos e com ensino médio) mesmo com pouca experiência, mas que costumam ter habilidade com informática, são valorizados em funções que requerem o uso de equipamentos eletrônicos, como balcões de credenciamento. Recepcionistas mais novos também são valorizados em shows, eventos de moda ou outros gêneros, que demandam um profissional com perfil mais "moderno", e cuja apresentação pessoal esteja alinhada ao tipo de evento. Nesses casos, a fluência verbal é muito importante.

Também começam a se abrir oportunidades para portadores de necessidades especiais à medida que aumenta a preocupação com a inclusão social, e abrem-se vagas para a contratação de profissionais que se encaixam neste perfil. Neste momento, no entanto, é preciso considerar treinamento e condições específicas para prestar este atendimento. Mais do que equipamentos adequados e o domínio da linguagem específica para atendê-los, como a Libra, ou impressão de material em Braille, é preciso eliminar estigmas e aperfeiçoar o trato neste atendimento.

Além da realização dos Jogos Paraolímpicos e Parapan-Americanos, que são eventos voltados para esse público específico, logo após as Olimpíadas e os Jogos Pan-Americanos, respectivamente, em eventos como o Congresso da Abav – Feira das Américas, Salão do Turismo, são contratados recepcionistas portadores de necessidades especiais.

Boa aparência é importante, mas não é tudo para a contratação do recepcionista. Experiência e formação são levadas em conta, principalmente, em se tratando de eventos corporativos ou de negócios em áreas técnicas. Isso se dá porque a equipe de receptivo personifica a organização. Uma atitude impensada, ou uma resposta atravessada, pode pôr a perder todo um planejamento que levou meses para ser feito.

Em feiras e exibições técnicas, ou salões, contratam-se muitos recepcionistas para trabalhar em estandes. Atualmente, os clientes precisam de profissionais capazes de prestar um primeiro atendimento ao visitante que chega, sabendo como encaminhá-lo à pessoa certa no estande, ou disponíveis para anotar uma mensagem, se necessário, estando minimamente informados sobre o produto em exposição.

É o que costuma acontecer numa grande feira ou exposição de lançamentos, como o Salão do Automóvel, ocasião importantíssima entre os muitos eventos internacionais que a cidade de São Paulo abriga. Nos estandes, muitas vezes de decoração caprichada, os fabricantes de automóveis exibem seus modelos caríssimos, inovadores, nos quais foi empregada tecnologia de ponta. Ao lado, um recepcionista sempre de aparência impecável, e que será responsável por atender o visitante que chega ao estande atraído pelo brilho daquele visual minuciosamente estudado.

Cada visita num estande pode significar um importante contato comercial ou institucional. E é o recepcionista que vai colocá-lo em contato com alguém da empresa no estande, ou, como é muito comum acontecer em situações desse tipo, anotar um recado que pode ser importante. Por isso, o recepcionista do estande precisa estar minimamente informado sobre o produto que está sendo exposto, sobre a empresa para a qual foi contratado, e seus respectivos representantes presentes à ocasião.

O encerramento de um evento não significa necessariamente que o trabalho do recepcionista esteja concluído. É bom estar preparado para ajudar também nas atividades pós-evento. As empresas organizadoras costumam convocar as recepcionistas para ajudar na preparação, elaboração e no envio de cartas de agradecimento aos palestrantes e às pessoas que contribuíram para sua realização, assim como na coleta das notícias geradas na imprensa.

JOGO DE CINTURA

Por mais que todos os funcionários sejam treinados e que os organizadores pensem em tudo, imprevistos sempre acontecem. Na maioria das vezes, sobra para quem resolver? O recepcionista, claro! Nesses momentos, presença de espírito, jogo de cintura, experiência e até um pouco

Pega bem 

Proatividade não é só uma palavra da moda. É uma característica cada vez mais valorizada.

Pontualidade é indispensável.

Demonstrar interesse, conhecimento e envolvimento com o que acontece no evento.

Posicionar-se como quem está sempre pronto a atender o próximo cliente.

Agir com discrição. Atitude e postura típica de um comissário de bordo.

O celular deve ficar no modo silencioso.

Estar atento a tudo o que se passa no evento, mantendo o rádio de serviço no modo "operante".

Uniforme bem cuidado, cabelos presos, visual clean e discreto. Crachá com identificação bem visível.

O copo d'água, se indispensável, deve ser discreto, quase imperceptível.

Se precisar se afastar do posto de trabalho, informe à coordenação para que providencie um substituto.

Atender a todos com a mesma atenção e presteza.

Pega mal 

Timidez atrapalha.

Não adianta usar o trânsito como desculpa.

Agir como se estivesse ali por acaso.

Formar grupinhos de conversa entre funcionários do evento.

Aparecer mais que os convidados.

O uso do celular só em caso de emergência. Peça licença para se afastar do posto se precisar usar o telefone, retornando o mais breve possível.

Ouvir música com headphones.

Decotes, só se forem muito discretos. Se o uniforme incluir calça jeans, a roupa não pode estar rasgada.

Exibir a garrafinha d'água, comer, mascar chiclete, fumar na frente dos participantes do evento ou no posto de trabalho. O cheiro de cigarro não é bem aceito.

Deixar o posto de trabalho vazio ou permanecer de costas para o balcão.

Diferenciar atendimento por aparência ou pré-julgamento.

de criatividade certamente vão ajudar. Quando os organizadores do evento se esquecem de algum detalhe – ninguém é perfeito – o recepcionista se vê em apuros e poderá ter que providenciar coisas como: material de divulgação, lista de convidados, cadeiras, ou algum tipo de equipamento específico.

EQUIPE DE RECEPCIONISTAS

A quantidade de recepcionistas a ser contratada depende não só do tamanho e do tipo de evento, mas também da forma como será realizado. Costumam influir nessa decisão, demandando mais recepcionistas, o credenciamento no local, a possibilidade de o público fazer perguntas em palestras, a quantidade de material distribuído ao público e o modo como isso é feito, a necessidade de tradução simultânea, que implica a distribuição de headphones. Em eventos abertos, que exigem inscrição gratuita ou paga, voltados para um segmento de público como o Fórum Mundial do Turismo, pode-se fazer um cálculo aproximado de um recepcionista por cada grupo de 50 profissionais.

Para um congresso de turismo como a Feira das Américas, da Associação Brasileira das Agências de Viagens (Abav), que recebe visitantes de todo o Brasil e do exterior e reúne anualmente mais de 23 mil pessoas no Riocentro, no Rio de Janeiro, são contratados cerca de 300 recepcionistas, distribuídos entre a organização e o atendimento da feira, nas entradas dos pavilhões, boxes de credenciamento, leitores óticos, balcão de informações, sala VIP e sala de imprensa. Para desempenhar suas funções corretamente, todos recebem treinamento. Com o credenciamento prévio, os recepcionistas são informados sobre os participantes que merecem maior atenção, entre autoridades e celebridades.

Sem descuidar da segurança

As normas de segurança nunca podem ser deixadas de lado. Quanto mais elevado for o nível do evento, mais intensos são os cuidados. Em um almoço formal seguido de palestra proferida por um ex-presidente da República para 400 pessoas num hotel no Rio de Janeiro, todos os convidados, de alto nível cultural e empresarial, tiveram que passar por uma "cortina" de segurança, quando eram vistoriados por pessoal especializado. O trabalho dos recepcionistas foi muito importante na condução desse processo para garantir, discretamente, a ordem na "fila" que se formava à chegada do evento, até que todos os convidados passassem pelos procedimentos necessários.

Tietagem explícita

Recepcionista não é modelo. Nem deve ser. Quando aparece muito é porque está fazendo o que não deve. Um recepcionista precisa ser sempre discreto. E se for mulher, essa regra torna-se ainda mais valiosa, por conta do penteado, da maquiagem e, principalmente, da roupa.

O bom recepcionista faz corretamente seu trabalho e obtém as respostas que o convidado precisa com agilidade e sem fazer alarde. No palco, quanto menos se notar sua presença, melhor. Nada de pedir ao convidado um autógrafo ou uma foto ao seu lado durante o evento. Se a admiração pelo convidado for incontrolável, recomenda-se aguardar o fim do evento e, se houver possibilidade de uma aproximação, pode-se fazer uma tentativa.

Vale ressaltar que cada tipo de evento requer um modelo específico de montagem com detalhes e equipamentos de som, luz, decoração, tecnologia. O número de pessoas envolvidas e a presença ou não de autoridades vai indicar a necessidade de apoio de órgãos públicos locais ou até estaduais, como guarda municipal para ordenamento do trânsito, polícia militar, bombeiros, ambulâncias, conforto e segurança para os convidados.

Há momentos em que é preciso organizar um controle mais rígido de segurança, seja pela característica de seus participantes ou pelo tipo de assunto que tratam: como no caso da presença de autoridades ou de eventos de características étnicas, religiosas.

Quando se registra a presença de chefes de governo e de Estado, segue-se uma série de protocolos. A credencial dos profissionais autorizados a circular na área de acesso restrito é diferenciada, muitas vezes pela cor do crachá, ou um broche/pin. Se um dos convidados for o presidente da República, por exemplo, toda a documentação da equipe do evento é submetida ao controle da Polícia Federal com antecedência. Isso exige como precaução dos organizadores o credenciamento de pessoal extra, para um eventual imprevisto. Os recepcionistas, assim como os outros profissionais, são transportados em carros da estrutura do evento.

Esse tipo de evento oficial com a presença de autoridades exige treinamento prévio e preparação dos colaboradores, mas, por vezes, o excesso de zelo pode até gerar algum tipo de nervosismo. Certa vez, um oficial da marinha ligado à embaixada de um país organizou um almoço em que estariam presentes não apenas o almirantado de seu país, como oficiais altamente graduados do Brasil. Não eram muitos os participantes e, apesar de todos os treinos realizados para que o serviço fosse impecável, inúmeros erros foram cometidos durante o evento. A maré não estava boa naquele dia.

Na cerimônia de posse do governador reeleito do Rio de Janeiro, em 2010, na Assembleia Legislativa, um evento que incluiu a mobilização de órgãos públicos para organizar a chegada do governante, passagem da tropa em revista, discurso oficial e a presença de autoridades, e para o qual foram convidadas 1.200 pessoas, a empresa encarregada da contratação de mão de obra recrutou cerca de 30 recepcionistas, uma média de quatro funcionários para atender cada grupo de cem convidados.

EVENTO INTERNACIONAL NO BRASIL – PERFIL DO PARTICIPANTE

Para a realização de eventos internacionais é importante conhecer um pouco do perfil dos participantes. Em geral, são pessoas de alto poder aquisitivo, escolaridade elevada (formação acadêmica superior, incluindo pós-graduação) e, na maioria das vezes, fazendo sua primeira visita ao Brasil.

No estudo sobre "Impacto Econômico dos Eventos Internacionais Realizados no Brasil – 2007/2008", por exemplo, a Fundação Getulio Vargas ouviu mais de cinco mil visitantes inscritos em 36 eventos internacionais realizados entre setembro de 2007 e dezembro de 2008, em 14 municípios brasileiros de oito unidades da federação (Ceará, Pernambuco, Bahia, Distrito Federal, São Paulo, Rio de Janeiro, Paraná e Rio Grande do Sul).

Barrados no baile

Lidar com o público não é tarefa fácil. Como já vimos, requer bastante equilíbrio, tranquilidade, presença de espírito. Atenção também é fundamental. Listas de convidados são sagradas e têm que ser respeitadas. Um simples descuido na entrada pode gerar grande confusão durante uma festa, por exemplo, se o recepcionista deixar passar algum penetra. Mas também é importante saber contornar situações que exijam uma decisão rápida.

Em um ponto de recepção de entrada controlada, certa vez, o participante chegou, mas seu nome não constava na lista de convidados. Antes de qualquer desconfiança, o recepcionista pediu delicadamente que a pessoa se identificasse e consultou a coordenação do evento. Tratava-se de um convidado importante, que por um erro na distribuição da lista de convidados, havia ficado de fora, junto com outra dezena de nomes importantes. Desfeito o mal-entendido, o convidado foi recebido no evento com todas as atenções que merecia. Uma nova lista de convidados foi providenciada e o recepcionista continuou seu trabalho naquela noite sem mais percalços.

Pontualidade britânica, também no Brasil

A presença de autoridades internacionais ou membros da realeza acarreta a realização de eventos paralelos. Uns são mais vultosos, outros de caráter mais intimista, como uma pequena reunião, ou um coquetel. O importante é que nessas ocasiões, os horários marcados têm que ser respeitados rigorosamente. Mais de uma vez o príncipe Charles esteve no Rio de Janeiro. O coquetel oferecido na ocasião precisava ter horários cumpridos com "pontualidade britânica". É sabido também que depois da chegada do dignitário, fecham-se as portas e ninguém mais entra. Os atrasados, que sempre existem, desta vez não tiveram chance. Quem não chegou no horário devido, acabou ficando de fora: foi barrado pelo recepcionista.

Os resultados desse estudo mostram que os participantes de eventos das áreas de medicina, tecnologia, biotecnologia, educação, meio ambiente e relações internacionais são em maioria homens, casados, têm entre 35 e 54 anos, vindos de países diversos, como Estados Unidos (10,84%) e Argentina (8,12%) – países que se destacam de uma extensa lista que inclui, ainda, em proporções menores Alemanha, Inglaterra, Peru, México, Japão, Colômbia, Equador, França, Chile, Espanha, Canadá e China, entre outros.

Outro estudo, patrocinado pela International Convent and Congress Association (ICCA) e pela feira internacional The Worldwide Exhibition for incentive travel, meetings and events (Imex) e conduzido pela Fast Future Research a "Convention 2020 – The Future of Exhibitions, Meetings and Events", apontou algumas tendências do setor, incluindo as expectativas do participante de eventos internacionais. Realizada em 2010, a pesquisa ouviu cerca de 1.100 participantes de eventos em 76 países e mostrou que 70% dos entrevistados esperavam receber atenção individualizada e serviços customizados durante sua estada, como reserva de lugares/assentos, opções de lazer e até refeições preparadas para satisfazê-lo em suas preferências individuais.

Tal nível de customização demanda sofisticados recursos de tecnologia, capazes de disponibilizar informações sobre as preferências dos participantes. Para quem planeja, organiza e recebe o visitante está posto o desafio: usar esses recursos com razão e sensibilidade. Lá na ponta, quando estiverem os dois frente a frente, um de cada lado do balcão, a interação pessoal vai definir a qualidade desse atendimento, cujo foco não pode ser outro senão o cliente.

O profissional que vai atendê-lo precisa estar preparado para essa tarefa.

Um estranho no salão

Um coquetel estava sendo preparado numa das salas de um hotel em Copacabana para um de seus hóspedes: uma reunião de negócios para um xeique. Todas as verificações haviam sido feitas até que o recepcionista, ao chegar, foi inspecionar o salão para verificar a arrumação do local, posicionamento dos convidados etc. Ele se deparou com uma pessoa trajando um tipo de macacão mexendo no equipamento de som. Pensando tratar-se de alguém da manutenção, foi tomar satisfações pois àquela hora já não deveria haver mais ninguém ali. Todos já se posicionavam à espera do anfitrião e de seus convidados, até que surgiu um assessor do xeique, oferecendo ajuda, uma vez que seu chefe não compreendia português. E o recepcionista aprendeu a lição de ser mais cauteloso ao se dirigir a uma pessoa quando não se tem certeza de quem se trata.

CRUZEIROS

De vento em popa

As estimativas para o segmento de cruzeiros até 2015 são de crescimento em torno de 25% em todo o mundo. Vive-se atualmente uma fase de lançamentos de uma nova geração de meganavios inovadores que, acima de tudo, valorizam o entretenimento a bordo. Muitos desses navios circulam pelas águas cristalinas do Caribe, geralmente lotados de americanos.

Os Estados Unidos são o maior mercado no segmento de cruzeiros, com 10,1 milhões de cruzeiristas, segundo o ranking mundial da Cruise Lines International Association (Clia). Em seguida, vêm Inglaterra (1,65 milhão), Alemanha (1,26 milhão) e Itália (850 mil).

O Brasil ocupa o 5º lugar nessa lista, mas a atividade é relativamente nova no país, tendo se desenvolvido nas últimas duas décadas, uma vez que a abertura dos portos ao transporte de passageiros por companhias marítimas internacionais aos nossos portos só aconteceu a partir de 1996, com a desregulamentação do setor. É um mercado que vem crescendo em níveis significativos, com expansão anual de 20% a 30%, mas que esbarra em sérios problemas de infraestrutura, principalmente no que diz respeito às instalações adequadas para atender aos passageiros nos portos, que em sua maioria não têm capacidade de receber dois, três mil passageiros, ou até mais, de uma vez só. Os portos que concentram maior movimento de cruzeiristas no Brasil são: Santos, em São Paulo, e Rio de Janeiro e Búzios, no estado do Rio de Janeiro.

Hotéis flutuantes

Em franca ascendência no Brasil, os navios de cruzeiros são cogitados como forma alternativa de hospedagem durante a Copa do Mundo de Futebol, em 2014, e as Olimpíadas de 2016, no Rio de Janeiro, a exemplo do que aconteceu em 1990, na Copa do Mundo na Itália, nas Olimpíadas de Sydney, na Austrália, em 2000, e nas Olimpíadas de Atenas, na Grécia, em 2004. Neste evento mais recente, o Porto de Pireu recebeu oito navios. Por conta disso, esbarra-se novamente na necessidade de melhorar a qualidade de infraestrutura dos portos brasileiros.

Mercado mundial em número de cruzeiristas

Estados Unidos	Inglaterra	Alemanha	Itália
10,1 milhões	1,65 milhão	1,26 milhão	850 mil

UM MERCADO EM EXPANSÃO

Nesses navios, a relação de tripulantes por cabine é de aproximadamente um para duas ou três cabines. A média fica em torno de 800 tripulantes por navio, dos quais 200 devem ser obrigatoriamente contratados no Brasil, para atender à legislação brasileira de cabotagem que exige 25% de brasileiros na tripulação dos navios que circulam em nossa costa.

Para se ter uma ideia, na temporada 2010/2011, chegaram ao Brasil 20 navios, com cerca de 800 mil cruzeiristas, em 415 roteiros, para passar em média de três a nove noites no país. Para trabalhar a bordo desses navios foram contratadas aproximadamente quatro mil pessoas, com salários entre US$ 550 e US$ 1.200. Uma oportunidade e tanto, se considerarmos ainda a possibilidade de assumir novas responsabilidades, o aperfeiçoamento em idiomas e a chance de viajar e conhecer outros lugares e pessoas de várias partes do mundo.

Atualmente, uma nova geração de navios ganha os mares. São os meganavios, que chegam a abrigar uma pequena multidão entre quatro e sete mil passageiros. Verdadeiros edifícios flutuantes, hoje apresentam tal nível de sofisticação que oferecem pistas de gelo, praças a céu aberto e até toboáguas que circundam toda a sua extensão. Os navios *Oasis of the Seas* e *Allure of the Seas*, da Royal Caribbean International – considerados navios gêmeos, pois foram construídos com projetos e dimensões similares, são expoentes dessa nova geração de megatransatlânticos, com capacidade para mais de seis mil pessoas.

Considerando-se a proporção legal exigida de tripulantes brasileiros, pode-se avaliar o impacto dessa tendência no mercado profissional de turismo no Brasil.

TIPOS DE CRUZEIROS

De acordo com o tipo de cruzeiro, há algumas práticas do mercado estabelecidas. Veja a seguir.

CRUZEIROS INAUGURAIS – Quando um navio faz sua viagem de estreia, ou é recém-lançado ao mar.

CRUZEIROS DE VOLTA AO MUNDO – Também chamados de "Grand voyage" são roteiros percorridos por transatlânticos que visitam vários continentes em algumas semanas, contornando o planeta, num só programa marítimo.

CRUZEIROS DE REPOSICIONAMENTO – são os roteiros dos navios transatlânticos que se deslocam de um hemisfério para outro na mudança de temporada. Por exemplo: no inverno europeu, quando não são oferecidos cruzeiros, os navios deixam os portos do Mediterrâneo ou de outros pontos na Europa e navegam para a

América do Sul, onde cumprirão itinerários da temporada de verão no Hemisfério Sul. Ou seja reposicionam suas rotas. Meses depois, a partir de março ou abril, outro cruzeiro de reposicionamento vai encerrar a temporada no hemisfério Sul, quando os navios que circulam na costa brasileira começam a cruzar o oceano Atlântico rumo a outros mares para nova temporada de verão. Esses roteiros são mais longos que os cruzeiros habituais, podem durar até três semanas, e costumam ter muitos dias de navegação em alto mar, sem portos de parada no trajeto. Em compensação, oferecem condições muito vantajosas para os passageiros interessados na travessia.

CRUZEIROS TEMÁTICOS – São roteiros montados para explorar um tema específico durante a viagem. Em geral, reúnem especialistas no assunto e montam diversas atrações em torno do tema. Por exemplo: um cruzeiro pela Antártica, do qual fez parte o navegador Amyr Klink; cruzeiros inspirados em Elvis Presley, no Caribe.

Categorias de navios

Numa disputa acirrada, os navios são medidos por tonelagem e capacidade de passageiros, entre outros itens, e podem ser classificados também segundo o tipo de cruzeiro a que se dedicam: luxo, premium, mainstream e budget.

LUXO – São navios mais caros; costumam ser pequenos e levam poucos passageiros em cabines mais espaçosas, geralmente com varanda. Os serviços são diferenciados e a relação tripulação/passageiros também foge do padrão.

Navios pequenos: até 500
Navios médios: c. 1.000
Navios grandes: c. 3.700
Meganavios: mais de 6.000

Ouvindo o passageiro

O Píer Mauá, regularménte, realiza pesquisas de satisfação com os passageiros. Os resultados apurados possibilitaram aprimorar as instalações e serviços oferecidos no terminal. A casa de câmbio, o caixa eletrônico e a livraria que hoje existem lá foram demandas diretas dos visitantes. Com uma movimentação de passageiros durante 24 horas por dia, enquanto o navio está atracado para o pernoite, hoje os passageiros já não precisam andar à noite pelo centro do Rio para sacar dinheiro, por exemplo.

Tranquilidade para a família

Os navios da Disney Cruise Line oferecem aos passageiros dois aparelhos celulares em cada cabine, para que o hóspede possa se comunicar com seus familiares dentro do navio. O alcance deste sistema chega até a área da ilha particular da companhia nas Bahamas. Certo dia, os pais deixaram a filha sob os cuidados atentos dos cast members – sim, porque, nas empresas Disney, os funcionários são "membros do elenco" – no kids club, enquanto jantavam. Mas, nesse meio tempo, a menina sentiu saudades dos pais e, chorando, queria reencontrá-los. Com agilidade e ciente de seu dever de resolver aquela situação incômoda, o cast member fez uma chamada para o telefone da cabine que estava com o casal, e os pais foram rapidamente buscar a filha.

PREMIUM – Aqueles que mantêm alta taxa de espaço disponível para o passageiro, por serem navios maiores, e oferecem grande variedade de opções para atrair um público mais diversificado, buscando agradar a grupos de todas as idades, com qualidade de serviços e comida acima da média. O número de cabines com varandas também é elevado.

MAINSTREAM – Navios que oferecem menos espaço para o passageiro, com comida e serviços de nível mediano. Em alguns casos, o entretenimento e a decoração podem ser comparados aos navios Premium, porém a um custo mais baixo para o bolso do passageiro.

BUDGET – São navios de tamanho médio, com menos atrações para os passageiros. São considerados navios pequenos as embarcações de cruzeiros com capacidade para até 500 passageiros; os navios médios podem dobrar esta capacidade; os grandes englobam aqueles que levam cerca de 3.700 pessoas a bordo; já os meganavios podem receber, atualmente, mais de seis mil pessoas.

SISTEMAS DE COMUNICAÇÃO

O sistema de telefonia de um navio depende da política da companhia. Algumas concentram este atendimento na recepção, outras mantêm um sistema de operadores e há casos em que o hóspede pede a ligação diretamente ao departamento responsável.

A bordo, os sistemas de comunicação acompanham as inovações tecnológicas e variam conforme os investimentos feitos pela companhia de cruzeiros. Por meio de telefones internos sem fio, pagers, walkie-talkies (rádios), celulares e aparelhos por satélites estabelece-se a comunicação interna ou externa entre hóspedes, tripulação e pessoal de terra.

PROCEDIMENTOS DE EMBARQUE E DESEMBARQUE

O trabalho dos recepcionistas em um navio é bastante diferente das rotinas da recepção de um hotel. O recepcionista acumula diversas funções e atividades que num hotel estariam distribuídas entre departamentos diferentes, ou até mesmo seriam de responsabilidade exclusiva do hóspede.

No embarque, a recepção é responsável pelos procedimentos de documentação e relacionamento com as autoridades locais nos portos visitados. No desembarque, essas tarefas incluem o auxílio aos hóspedes após saírem do navio, seja com reservas de hospedagem na cidade, ou transporte a partir do porto. Outros recepcionistas de navios cuidam especificamente de despesas de bordo ou recebem grupos que embarcam para eventos. Isso sem falar no embaixador internacional, que é um profissional que fala cinco idiomas diferentes e auxilia os hóspedes que não dominam o inglês.

O procedimento de check-in para os cruzeiros geralmente é processado no porto, e é feito pelo pessoal de terra, que pode ser de uma firma terceirizada. Essa equipe não integra a tripulação.

Com a dimensão dos navios e o volume de pessoas a desembarcarem num mesmo horário, cada vez mais os sistemas de check-out vêm sendo automatizados, para minimizar a necessidade de atuação do recepcionista no desembarque do passageiro. Assim, é cada vez mais frequente o uso do sistema check-out express, em que os hóspedes recebem os extratos de suas contas na véspera do desembarque, com o valor a ser debitado no cartão de crédito apresentado no check-in. Se preferir mudar a forma de pagamento, ou questionar alguma cobrança, o cliente deverá se dirigir à recepção.

Quando um navio aporta, são necessários vários procedimentos de ordem legal. Um tripulante exerce a função de ponto de contato entre o navio e o agente portuário – a quem o pessoal do navio se reporta primeiro – e as autoridades. Essa operação envolve ainda outras pessoas a bordo, dependendo de sua área de atuação. O oficial de meio ambiente e os médicos, por exemplo, tratam dos assuntos relacionados a segurança, higiene e saúde com os agentes da Agência Nacional de Vigilância Sanitária (Anvisa). Um recepcionista é destacado para cuidar de assuntos ligados à imigração. Já o gerente de RH será acionado se houver questões trabalhistas a serem tratadas, e assim por diante.

No desembarque nos portos de fronteira marítimos ou fluviais, os passageiros passam pelas inspeções das autoridades alfandegárias e migratórias, como também acontece nos terminais aéreos. Quando desce do navio com bagagem, o passageiro pega as malas deixadas pela tripulação no porto, e segue em direção ao posto alfandegário para inspeção de funcionários da Receita Federal. Se for viajante estrangeiro, passa pelo controle de passaporte, a cargo da Polícia Federal.

As companhias de cruzeiros costumam terceirizar os serviços de receptivo nos portos em que seus navios atracam. Essas empresas prestam serviços de atendimento aos passageiros em terra e logística de operação do píer. No embarque, os recepcionistas que atendem no balcão de check-in recebem a bagagem

Receita da Disney para um Cruzeiro Feliz

No balcão da recepção de um navio da Disney Cruise Line chegam as mais variadas demandas dos hóspedes que fazem fila ali enquanto o navio flutua sobre as águas cristalinas do Mar das Bahamas. Os pedidos vão desde um simples curativo até informações sobre casa de câmbio. Diferentemente do balcão do hotel, o recepcionista do navio só processa o check-in num caso extraordinário – como, por exemplo, se o passageiro voou até Nassau e de lá quer embarcar no navio e os outros três mil hóspedes a bordo já processaram seu check-in em Porto Canaveral, na Flórida.

Mas tanto no navio como no hotel, os funcionários da Disney seguem o mesmo padrão de atendimento, cultuando o que se chama de Disney Cultural Heritage – uma espécie de proteção à marca. Essa tradição de qualidade é garantida por um período de treinamento para todos os funcionários da companhia.

Na hora de lidar com as queixas dos passageiros – e elas sempre existem – a cultura Disney põe em prática um de seus mandamentos de excelência em atendimento ao cliente: "a solução de problemas". O funcionário da organização sabe que pode ter autonomia para tomar decisões que solucionem eventuais problemas. O que vale aqui é fazer todo o esforço para que um aborrecimento não estrague a viagem. Uma experiência num navio com a grife Disney precisa ser percebida pelo cliente como algo mágico, sem que aborrecimentos menores sejam capazes de quebrar esse encanto.

O cast member tem autonomia para determinadas ações que podem ser significativas na experiência de viagem de um passageiro. Se uma criança está chorando porque perdeu seu brinquedo, por exemplo, ele pode ir até a lojinha do navio e trazer para ela um Mickey, amenizando assim a sensação de perda e transformando a situação que era um momento triste, num "pequeno momento de magia" para aquela criança.

Já para fazer uma troca de cabine, o recepcionista vai precisar da autorização de seu gerente. Nos navios da Disney, o funcionário da recepção trabalha seis meses por ano e tem dois meses de férias. Os gerentes trabalham quatro meses e folgam dois meses.

do passageiro e fazem a conferência da documentação. Usando computadores trazidos do navio – portanto de propriedade das companhias marítimas – estes profissionais de terra processam o registro de entrada dos passageiros. Os computadores usam sofisticados sistemas operacionais como o Fidelio-Cruise Software, que deriva de um sistema bastante usado na hotelaria. Já os registros de entrada da tripulação são feitos pelos agentes portuários.

O terminal portuário também costuma oferecer serviços aos passageiros, lojas de presentes e conveniências, lanchonetes e postos de informações turísticas, entre outros. No balcão de atendimento e informações ao visitante o ideal é ter um recepcionista que pode ser um guia de turismo credenciado, como ocorre no Píer Mauá, no Porto do Rio de Janeiro, uma parceria entre o agente portuário que administra o terminal e a prefeitura que fornece toda a folheteria distribuída aos turistas.

PERFIL DAS EQUIPES

Antes de serem contratados, os candidatos a tripulantes passam por uma série de treinamentos e testes rigorosos. A seleção é bastante criteriosa e existem empresas especializadas no recrutamento e treinamento desse pessoal. As companhias marítimas buscam no mercado profissionais jovens, entre 21 e 35 anos, embora

também seja comum encontrar a bordo funcionários com mais de 40 anos. O contrato tem prazo determinado, entre seis e oito meses, mais ou menos o período da temporada de cruzeiros pelo litoral brasileiro, que inicia em outubro e se estende até março. Ao fim da temporada, se for do interesse da companhia e do tripulante, há oportunidades para que o contrato seja prorrogado.

Além dos recepcionistas, as companhias de cruzeiros recrutam massagistas, camareiras, manicures, cabeleireiros e profissionais para ocupar postos em restaurantes, bares, setores de limpeza e manutenção. Isso sem falar no pessoal que trabalha na recreação dos cruzeiristas, como artistas, professores de ginástica, assim como os próprios recreadores. Há oportunidade também para técnicos de som e luz, fotógrafos e cinegrafistas, entre outros. Se o profissional for capaz de transmitir simpatia, destreza e bom humor suas chances de conseguir uma vaga nesses hotéis flutuantes tornam-se bem maiores.

Recepcionistas poliglotas e polivalentes

Para as atividades que exigem contato direto com os passageiros, como as dos recepcionistas, é indispensável o conhecimento de inglês avançado, com bom nível de conversação. E se o candidato dominar outros idiomas, as chances aumentam. Em empresas que montam cruzeiros para segmentos de mercado específicos a fluência em outros idiomas, tais como o alemão ou o francês, pode tornar-se um requisito obrigatório.

Uma companhia de cruzeiros que trabalhe com o mercado alemão e que tenha muitos hóspedes dessa nacionalidade a bordo, tende a valorizar o profissional que esteja familiarizado com a cultura brasileira e ao mesmo tempo saiba se comunicar em alemão com esses hóspedes. O inglês é reconhecido como idioma universal, bem entendido nos quatro cantos do mundo e, por isso, essa competência é exigida da tripulação, até mesmo por questões de segurança. Em casos de emergência, por exemplo, os funcionários dos navios têm que estar aptos a transmitir aos passageiros as orientações necessárias e, muitas vezes, isso terá que ser feito em inglês. No entanto, se o funcionário for capaz de se comunicar com o hóspede na sua língua nativa, isso será visto como um diferencial oferecido ao hóspede.

Não é preciso ter experiência em navios, mas a vivência nas funções de atendimento ao público ajuda. As oportunidades estão abertas, principalmente para quem vem da área de hotelaria. No entanto, as empresas contratantes valorizam os profissionais com habilidade para exercer outras funções disponíveis e que sejam capazes de se adaptar rapidamente à rotina de trabalho a bordo.

Num navio, a divisão de hotelaria cuida de todos os departamentos que não estão relacionados à navegação e entretenimento. Os postos de trabalho se assemelham aos de um hotel cinco estrelas ou resort. O gerente de hotelaria, também chamado de

Navio também tem primeira classe

A exemplo dos aviões, as companhias de cruzeiros começam a investir em seções com tratamento diferenciado para um grupo selecionado de hóspedes. Mordomo e concierge à disposição dia e noite, piscinas e bares exclusivos são alguns dos serviços diferenciados, que incluem check-in mais rápido, feito ainda no porto de embarque, e elevadores privativos que dão acesso exclusivo à área VIP, como costuma acontecer no navio *Splendia*, da MSC Cruzeiros.

chief purser (chefe dos comissários de bordo) é responsável por todo o atendimento ao hóspede e pela equipe envolvida nesses departamentos.

A relação tripulante x hóspede é em média de um tripulante para duas a três cabines (seis hóspedes, considerando ocupação dupla, ou no máximo quatro por cabine). O padrão de qualidade no atendimento é considerado alto para um conjunto de tarefas que inclui, além de atender às demandas dos hóspedes, as rotinas corriqueiras da hotelaria (hospedagem, alimentos & bebidas e outros).

A recepção de um navio é um departamento que envolve muitas funções, não se limitando ao atendimento ao hóspede a bordo. Um exemplo é o check-in do hóspede, feito numa recepção geral encarregada de fornecer as informações genéricas sobre o cruzeiro e o navio. O número de pessoas envolvidas nessa função depende naturalmente, do porte do navio, do número de hóspedes, do tipo de cruzeiro, da companhia, e do segmento de mercado que se pretende conquistar.

Os recepcionistas também entram em campo para atender às diversas demandas ou solicitações dos hóspedes durante o roteiro. Esses pedidos são atendidos pela recepção, que muitas vezes engloba a função de telefonia, com o apoio de uma equipe que trabalha no back-office para viabilizar o atendimento às solicitações.

A filtragem dos pedidos e a redistribuição aos departamentos responsáveis são feitas com auxílio de uma central telefônica.

Um luxo de atendimento

Para trabalhar como recepcionista nos navios "com alma de iate particular" de uma conhecida companhia de cruzeiros marítimos dedicada ao segmento luxo, o profissional deve ser capaz de atender todas as demandas dos hóspedes, até mesmo as consideradas impossíveis. Ou seja, ele deve ser um luxo!

A bordo destes iates, o recepcionista presta um serviço absolutamente personalizado. Tem sempre resposta para todas as perguntas sobre a embarcação, os serviços oferecidos e o roteiro, incluindo portos de parada e excursões em terra. Outro diferencial é ser capaz de memorizar os nomes dos hóspedes o mais rapidamente possível.

Em sua rotina ele toma as providências relativas ao embarque, troca cheques de viagens dos passageiros, ouve as queixas e busca as soluções, cuida de eventuais perdas de objetos dos hóspedes, entrega o material impresso de informações e orientações aos passageiros, que vão da programação do dia aos convites para os eventos a bordo, entre outras atividades.

Além de muita experiência profissional, fluência em idiomas e habilidade no trato com os passageiros, integridade de caráter e confiabilidade são atributos essenciais desse profissional. Afinal, ele deve, sem titubear, ser capaz de lidar com várias demandas ao mesmo tempo, frequentemente sob pressão.

Outra companhia de cruzeiros, conhecida mundialmente no setor, além de todos os atributos já mencionados, ressalta outras competências indispensáveis a seus recepcionistas, aliás guests services, como são chamados. Dentre elas, uma excelente capacidade de comunicação e a habilidade para trabalhar em ambientes multitarefa. No item apresentação pessoal, as recomendações referem-se especificamente a tatuagens ou piercings, que não podem ser visíveis.

Existe ainda outra função diferenciada nos cruzeiros: a do social hostess, profissional que atua como um mestre de cerimônias nos eventos especiais durante o cruzeiro. Na famosa festa do comandante, por exemplo, cabe a ele fazer as apresentações. Para ocupar esse posto, é exigida experiência anterior em hotelaria, principalmente na área de recreação ou experiência de um ou dois anos no trabalho a bordo. Os social hostess devem se expressar bem em público e ter capacidade de assumir responsabilidades e poder de organização.

Recrutamento e seleção

No Brasil o processo seletivo das equipes de bordo costuma ser feito por empresas recrutadoras, a partir das inscrições feitas pelos candidatos nos sites dessas empresas. Após a avaliação da ficha, os candidatos selecionados são convocados para entrevista pessoal na qual serão testados os conhecimentos de idiomas (inglês, prioritariamente) e avaliados aspectos como: área de interesse, personalidade, postura, adequação às funções do cargo, capacidade de expressão etc. Algumas empresas fazem um treinamento do tipo vivência a bordo, com duração de um dia ou mais, se necessário. A última etapa do processo seletivo é uma entrevista com a companhia contratante.

Vivência a bordo

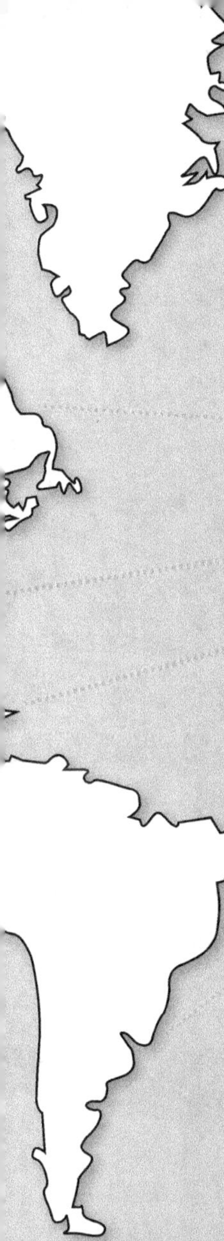

O aparente glamour de morar num transatlântico se contrapõe ao cotidiano dos tripulantes. Uma experiência que serve de comprovação é contada por Renata Lagoeiro no seu livro *Entre o Atlântico e o Mediterrâneo*, depois de trabalhar no navio *Royal Caribbean*. As situações insólitas a bordo começam, segundo ela, pelo desnorteamento. Os novatos demoram para se acostumar a caminhar pelos vários ambientes de seu enorme local de trabalho.

Nas simulações de emergências, que acontecem duas vezes a cada cruzeiro, a insegurança se intensifica. No corre-corre atrás dos botes salva-vidas, o atalho se torna inviável por conta de uma simulação de incêndio. O cronômetro impõe um tempo de chegada. Para onde ir? O que fazer? E se a situação fosse real?

Passado o desespero, na tentativa de compartilhar o susto com parentes ou amigos que estão em terra firme, pode haver outra confusão. No caso de Renata, uma ligação telefônica feita de seu quarto foi interrompida por dois seguranças esbaforidos. Isso porque os números discados chamaram a central de emergência de bordo. Ela não sabia que, para qualquer ligação feita do navio, só o ocean card pode ser utilizado e seu cartão internacional comum não servia.

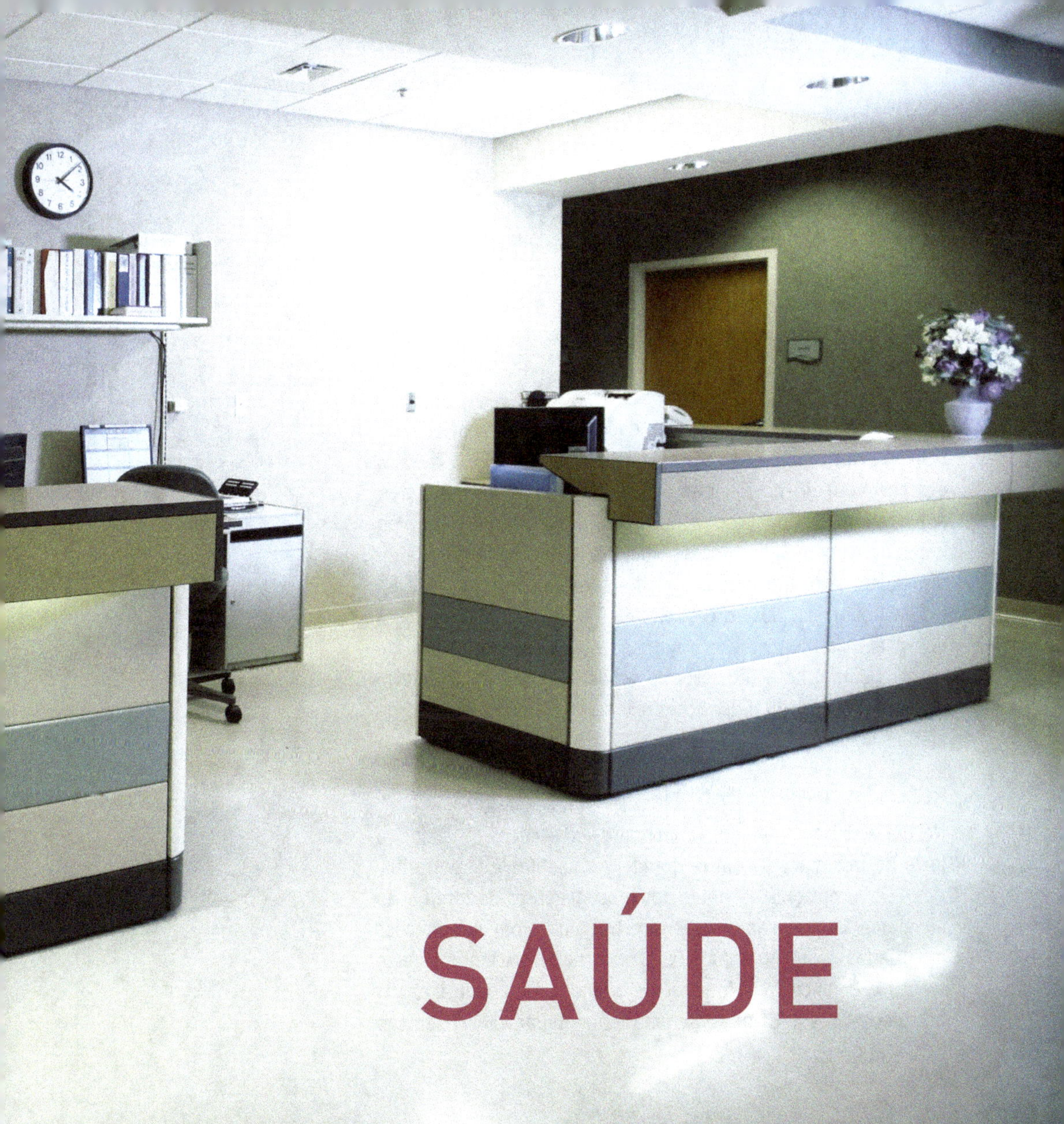
SAÚDE

Hotelaria hospitalar

Hospitais que trabalham com o moderno conceito de hotelaria hospitalar enfrentam os desafios de adaptar o padrão de atendimento e recepção dos hotéis à rotina de uma unidade de saúde. E essa tendência, que ganha cada vez mais força, tem sido objeto de estudos e de publicações, como o livro de Fadi Antoine Taraboulsi, *Administração de hotelaria hospitalar*. Nele, o autor mostra como alguns serviços característicos de hotéis podem ser implantados em hospitais.

Algumas seções têm suas atividades alteradas, bem como o nome de certas rotinas ou procedimentos. Na recepção, o check-in e o check-out do hotel viram internação e alta dos pacientes. A portaria social do hospital funciona como a conciergerie do hotel, desempenhando funções similares às de um balcão de informações. Já o setor de alimentos e bebidas, dedicado às ofertas gastronômicas dos hotéis, torna-se, no hospital, um setor responsável pela alimentação e nutrição dos clientes, e central de reservas de um hotel, no setor de saúde, funciona como serviço de agendamento de internações, exames, consultas ou procedimentos médicos.

RECEPÇÃO E HOSPEDAGEM

No dia a dia do trabalho da recepção em serviços de saúde, o fluxo de informações com outros departamentos é importantíssimo. Os recepcionistas, antes dos procedimentos de internação ou marcação de exames precisam trabalhar com informações atualizadas sobre liberação das unidades de pacientes e esse serviço é gerenciado pelo setor de agendamento. Outras áreas que precisam estar bem coordenadas para preparação e liberação

dos quartos são os serviços de limpeza, higiene e lavanderia. Mas, ainda que as rotinas possam mudar, as equipes de recepção e hospedagem têm estrutura semelhante à de um hotel.

CHEFE DA RECEPÇÃO – É responsável pelos serviços de mensageiros, portaria social, telefonia, setor de internações e altas, recepção do setor de emergência. Coordena a interação com os demais setores do hospital. Seu superior é o gerente de recepção e hospedagem.

CHEFE DE RESERVAS – Controla a operação do setor de agendamento e programação de internações em todas as unidades disponíveis do hospital: unidades de terapia intensiva e semi-intensiva, apartamentos e enfermarias, programação de cirurgias e pedidos de internações. As solicitações de internação e agendamento costumam chegar de diversas fontes: equipes médicas, secretárias dos médicos, administração do hospital, entre outras. O cargo também está subordinado ao gerente de recepção e hospedagem.

CONCIERGE – Responsável pelo atendimento ao público no balcão de informações da portaria social. É um cargo muito importante na hotelaria hospitalar. Em muitos casos é o primeiro contato de quem chega à unidade de saúde:

pacientes, acompanhantes, familiares, visitantes. Na sua rotina, informa os clientes sobre serviços do hospital, locomoção, transportes etc. É um profissional que precisa ouvir com cordialidade as demandas dos clientes e saber dar informações com precisão às dúvidas apresentadas, oferecendo apoio no auxílio à solução de problemas. É responsável pela atualização do diário de ocorrências (log book), registrando os fatos mais importantes e orientações à equipe. O concierge coordena e supervisiona o trabalho dos mensageiros e capitão porteiro e reporta-se ao chefe da recepção.

RECEPCIONISTA – A complexidade das tarefas do recepcionista é proporcional ao grau de responsabilidade demandada pelo caso que estiver sendo atendido. Seu trabalho vai muito além das rotinas de uma recepção e implicam, muitas vezes, o acompanhamento da evolução clínica do paciente. Esse profissional tem que estar apto a informar corretamente, esclarecer dúvidas, verificar o preenchimento de guias e autorizações, dar andamento a pedidos de prorrogações de internações e providenciar as garantias necessárias para a cobertura das despesas geradas pelo atendimento, principalmente de emergência. Isso pode exigir uma série de telefonemas, contatos e negociações com os convênios e planos de saúde, os familiares, empresas ou instituições responsáveis pelo paciente. O recepcionista reporta-se diretamente ao chefe da recepção.

 – A maior parte de suas tarefas é realizada no contato direto com o cliente. É ele que dá assistência ao cliente na entrada e na saída do hospital, auxiliando com a bagagem e com a entrada do veículo. Além disso, chama um táxi ou providencia cadeira de rodas quando necessário, e zela pelo bom funcionamento e pelo ambiente da entrada do hospital. Ao perceber qualquer sinal fora da normalidade deve informar à recepção, já que está subordinado ao chefe deste departamento.

MENSAGEIRO – Atua dentro da unidade de saúde, acompanha o cliente de internação com sua bagagem desde a entrada até a unidade de recepção e também o auxilia na saída do hospital. Esse profissional também responde diretamente ao chefe da recepção.

No dia a dia do trabalho da recepção em serviços de saúde, o fluxo de informações com outros departamentos é importantíssimo. Os recepcionistas, antes dos procedimentos de internação ou marcação de exames precisam trabalhar com informações atualizadas.

O perfil do recepcionista em saúde

Para estabelecer padrões de qualidade de atendimento atestados por programas de certificação internacional, os hospitais costumam adotar programas de treinamento que uniformizam técnicas e procedimentos nos diversos setores. Essas técnicas precisam ser combinadas à experiência e sensibilidade do profissional para gerar resultados positivos no dia a dia. E alguns parâmetros para esses procedimentos são extremamente subjetivos: a dificuldade de comunicação entre as pessoas, por exemplo, pode ser um fator crítico e decisivo para o trabalho do recepcionista que precisa interpretar a informação que lhe está sendo passada pelo paciente ou acompanhante, enquanto faz o atendimento.

O desafio está em humanizar essa relação sem envolver-se emocionalmente, dentro dos procedimentos previstos para

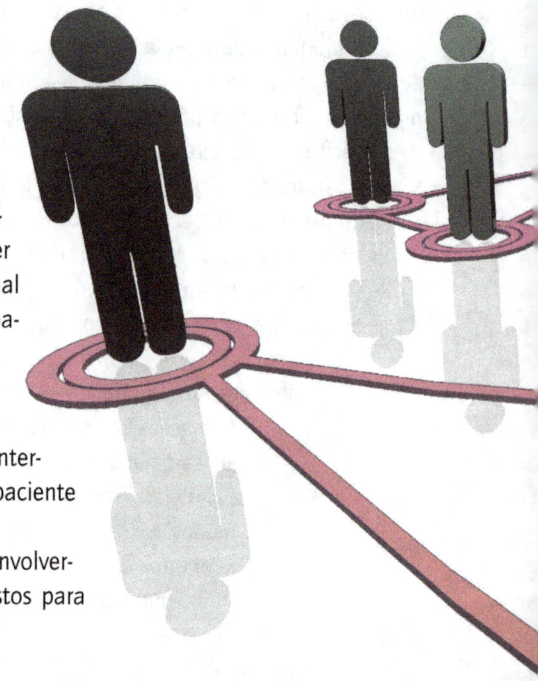

a atividade, mas com a sensibilidade apurada para perceber a necessidade de uma eventual quebra de rotina. Manter o equilíbrio entre a sensibilidade e o distanciamento profissional é fundamental para um atendimento de qualidade e profissional, principalmente quando é necessário tomar decisões que muitas vezes podem ser decisivas na vida de uma pessoa.

O atendimento da recepção é um dos mais complexos de uma unidade de saúde. Requer sensibilidade e treinamento do profissional que

ocupa este posto de grande responsabilidade. A apresentação e o comportamento do recepcionista desse tipo de estabelecimento – clínicas médicas, hospitais, laboratórios de exames – seguem mais ou menos o conjunto de regras adotadas por seus colegas em funções equivalentes nos meios de hospedagem, eventos ou cruzeiros, observadas algumas particularidades inerentes ao atendimento de uma unidade de saúde. São cuidados específicos essenciais à prática da função.

O perfil desejado para o recepcionista que atua em meios de saúde é o de uma pessoa capaz de transmitir segurança e carinho aos pacientes, sem avançar na aproximação pessoal, evitando assim ser invasivo.

Não se pode esquecer outra competência fundamental para o bom desempenho de suas funções: a capacidade de se expressar. Afinal, quem chega a um posto de saúde, a uma clínica ou a um hospital precisa sentir-se seguro de que ali será muito bem cuidado e receberá toda a atenção desde o momento de sua chegada.

Pessoas mais dinâmicas, acostumadas a um ritmo intenso de trabalho, e capazes de manter a serenidade em situações de tensão se adaptam melhor a esse tipo de função. O recepcionista de unidades de saúde lida diariamente com um grande fluxo de pessoas ávidas por informações e muitas vezes sob influência de situações adversas ou estressantes. Manter a serenidade e, sobretudo, o controle emocional é fundamental.

A predisposição a entender e ajudar o próximo é considerada um dos principais atributos para o exercício da função. A rotina de receber, ouvir e encaminhar pacientes que procuram atendimento médico, ou seus familiares, implica conviver diariamente com pessoas que chegam ao hospital com a saúde fragilizada, acompanhadas por parentes ou amigos, muitas vezes com o estado emocional abalado, preocupados, nervosos ou ansiosos. Haja preparo.

O atendimento deve ser impessoal, mas não distante ou frio. É necessário mostrar solidariedade e acolhimento, respeitando a dor do paciente e da família, numa demonstração real da vontade de ajudar. Mas a regra básica, ao mesmo tempo, é: não manter ou procurar estabelecer qualquer tipo de intimidade com o cliente.

REGRAS PARA UM BOM ATENDIMENTO

Na recepção de uma unidade de saúde, o que vale não é simpatia, nem antipatia: empatia é a palavra-chave. É saber se colocar no lugar do outro. É saber ouvir, muito mais do que falar. E ter sensibilidade para entender o que o cliente está querendo transmitir. Muitas vezes, ele tem dificuldade em se expressar. Além de contribuir para amenizar o momento tenso da chegada do paciente a uma unidade de saúde, um atendimento eficiente e atencioso contribui para o bem-estar do paciente.

RECEBENDO O PACIENTE – Existem atitudes, gestos e vocabulário próprios para o dia a dia numa recepção de uma unidade de saúde. Algumas palavras podem dar conforto e amenizar uma situação extremamente delicada. O tradicional "tudo bem?" é substituído por expressões mais adequadas à situação, como: "Bom dia, em que posso ajudá-lo?"

Se a pessoa demonstra estar com dificuldades de locomoção, mais apropriado seria ao recepcionista levantar-se, ir ao encontro do paciente, oferecer-lhe um assento, perguntar o que está sentindo, seu nome, e aproveitando para verificar se há outros sinais que indiquem a necessidade de cuidados urgentes. Em seguida, deve dedicar-se aos procedimentos burocráticos do atendimento, como preenchimento de ficha, perguntando-lhe informações pessoais complementares, plano de assistência médica etc.

POSICIONAMENTO, POSTURA E ATITUDE – A posição mais recomendada ao recepcionista durante o atendimento é manter o olhar no mesmo nível de quem está sendo atendido. Se o paciente ou acompanhante está de pé, o recepcionista deve levantar-se, procurando estabelecer o contato visual. Inclinar-se levemente, perguntar o nome da pessoa, passando a chamá-la pelo nome. Esses são alguns procedimentos básicos para um bom atendimento na recepção de serviços de saúde. Ao encaminhar o paciente para um próximo procedimento dentro da unidade de saúde, o recepcionista deve identificar-se novamente para que o paciente possa memorizar o seu nome, enfatizando sua disponibilidade para atendê-lo caso seja necessário.

Cuidados e aparência pessoal

A recepção é a apresentação de uma empresa, de um evento ou de um hotel. Por isso cuidados pessoais, aparência e postura são questões cruciais na vida de um recepcionista. Claro que nem sempre conseguimos estar bem, com um ar tranquilo e acolhedor, mas a função exige isso. Então se naquele dia a natureza não ajudar, é preciso vigilância e esforço. No caso das mulheres, a maquiagem discreta pode ajudar. Para os homens, cabelos bem penteados e um tônico facial para revigorar.

Nos hospitais e clínicas, os cuidados com a aparência e a saúde tornam-se ainda mais importantes. Por exigência da Norma Regulamentadora 32 (NR-32), de 2005, da Anvisa, que trata de "Segurança e Saúde no Trabalho em Serviços de Saúde", os profissionais devem usar sapatos fechados, evitar adornos e as tatuagens não podem ser visíveis.

Se o homem usar barba, o que não é muito recomendável, ela deve estar sempre bem aparada. Quanto às mulheres, se os cabelos forem longos, devem ser presos em um coque baixo.

Também seguindo a legislação específica de segurança do trabalho na área médica, são realizados os exames laborais periódicos para os profissionais de saúde. Há exames diferenciados para cada função dentro de um hospital: enfermeiros e técnicos de radiologia os realizam com maior frequência. Para os funcionários da área administrativa, sob a qual se enquadram os recepcionistas, são bienais.

LONGOS TURNOS DE PLANTÃO

Hospitais e clínicas, em geral, costumam priorizar a contratação de profissionais com um perfil mais jovem, mulheres solteiras e sem filhos, o que torna menos sofrida a adaptação à exigência dos longos turnos de plantão da área médica: 12 horas de trabalho por 36 horas de descanso. Vale ressaltar que essa escala inclui sábados, domingos e feriados.

Para quem pretende trabalhar como recepcionista na área de saúde fica o aviso: procure informar-se sobre a jornada de trabalho durante o processo de seleção. Em geral, o cargo é de alta rotatividade, já que os salários não são muito altos e o ambiente costuma ser tenso. A escala de turnos, que podem incluir plantão de 12 horas, além da exigência de conhecimento das práticas na função são também fatores que explicam a rotatividade. Por isso, as empresas costumam manter um quadro de candidatos em stand by.

O processo de seleção, por vezes, pede uma simulação de atendimento. Numa primeira etapa, observa-se a fluência verbal, rapidez de raciocínio, capacidade de comunicação, determinação, postura e atitude, além do uso de computador para acessar os sistemas de registros de clientes e outros programas. O domínio de um segundo idioma também é importante nas salas de atendimento de grandes hospitais, embora em menor proporção.

CARACTERÍSTICAS DO PROFISSIONAL

O candidato ao cargo de recepcionista da área de saúde precisa ter o ensino médio completo. Além disso, há uma lista de características consideradas desejáveis para o exercício da profissão e que costumam ser avaliadas pelos profissionais de recursos humanos ao selecionar pessoal para trabalhar no balcão de atendimento aos clientes:

» senso de responsabilidade;
» discrição e polidez;
» atenção;
» dedicação;
» experiência e conhecimento na área de planos de saúde;
» vontade de aprender;
» bom humor;
» agilidade e dinamismo;
» fluência verbal, facilidade de comunicação, objetividade e clareza ao se expressar;
» predisposição para lidar com o atendimento ao público, considerando-se que ali se trata diariamente com pacientes, acompanhantes, muitas vezes em situações de extremo estresse;
» simpatia e cortesia;
» empatia e capacidade de transmitir palavras de conforto;
» iniciativa – ser proativo no atendimento;
» paciência para ouvir e dar respostas adequadas à situação;
» amplo conhecimento da estrutura da unidade de saúde e de sua capacidade de atendimento.

Em algumas empresas, o treinamento dispensado ao recepcionista é feito no local de trabalho. O funcionário novo acompanha o trabalho de um recepcionista mais experiente durante o período de seu treinamento, até que, mediante supervisão, se sinta apto e seguro a assumir sua função de forma independente.

Ao atingir um grau de maturidade na função, o recepcionista pode ser direcionado para outras atividades, principalmente na área administrativa, que incluem supervisão de recepção.

Efeito dominó – para o bem

Um recepcionista que muda de função e é promovido a enfermeiro – no caso de atender aos pré-requisitos necessários – pode dar oportunidade para movimentar o quadro interno de funcionários, mantendo-se ainda uma vaga a ser preenchida. Num hospital de uma conhecida rede de saúde, foi isso que aconteceu. A vaga do recepcionista que foi aproveitado no setor de enfermagem foi ocupada por um funcionário vindo do setor de higiene. Esse movimento, por sua vez, possibilitou a promoção de um "maqueiro" – vaga que, por fim, foi suprida no mercado. Em outra situação, um profissional contratado inicialmente como repositor, que ficava responsável por reabastecer suprimentos de copos de café, toalhas de papel, dentre outros, pelos corredores do hospital, conseguiu ser realocado para uma vaga na recepção. Pouco tempo depois, foi convidado para assumir a supervisão de recepção de uma nova unidade que estava sendo criada na rede, onde hoje ocupa o cargo de coordenador de atendimento.

Essa mudança implica remuneração melhor e pode significar o início de uma carreira em gestão hospitalar, mas isso requer outros investimentos em formação profissional.

Alguns recepcionistas resolvem seguir carreira na área médica, ou de enfermagem e, para isso, também é necessário investir na formação acadêmica. Não é raro encontrar nos balcões de recepção dos hospitais pessoas que estejam prestes a se formar em Enfermagem ou Fisioterapia. Esse pode ser um caminho mais fácil para o jovem profissional de saúde ser percebido nos hospitais do que se candidatar a uma vaga, estando do lado de fora do mercado. Muitos hospitais tendem a dar preferência a candidatos disponíveis através de recrutamento interno, principalmente porque além de lhes conceder uma chance real de crescimento profissional, também estarão aproveitando um profissional que já está familiarizado às rotinas e aos processos adotados pelo hospital.

Rotina de trabalho

A jornada de trabalho em hospitais – 12 horas de trabalho por 36 horas de descanso – difere das outras profissões e, por isso, é um ponto importante a ser observado. Um hospital de médio porte, com cerca de 200 funcionários, 22 leitos distribuídos em dois andares, UTI e centro cirúrgico, por exemplo, emprega cerca de 15 recepcionistas ou atendentes, lotados nos setores de ambulatório e pronto-atendimento, telemarketing, internação, marcação de cirurgias. Os turnos podem variar conforme a função. No ambulatório, no pronto-atendimento e na internação, o turno da recepção também costuma ser de 12 horas x 36 horas. Quem trabalha no atendimento por telefone cumpre uma jornada mais curta, de seis horas; na marcação de cirurgias, o turno é de oito horas diárias.

O encaminhamento do paciente ao ambulatório, ao quarto ou à enfermaria é determinado pelo médico. O tipo de acomodação – quarto, apartamento, enfermaria – destinado àquele paciente, no entanto, pode variar conforme a cobertura de seu plano de assistência médica ou seguro de saúde e as instalações disponíveis no hospital. Definida a condição do paciente, o recepcionista recebe o pedido feito pelo médico e o transmite ao plano de saúde ou aos familiares, responsáveis ou acompanhantes, para que se possa dar prosseguimento ao atendimento.

É necessário prestar muita atenção às informações nesta etapa do processo. Eventuais erros de informação podem acarretar a recusa da liberação do atendimento por parte do plano de saúde, com danos para o paciente que não pode realizar o procedimento pelo plano. Outra possibilidade é uma eventual glosa do pedido, o que traz prejuízo para o hospital e posterior cobrança ao paciente. Para evitar equívocos durante o atendimento médico, atualmente algumas unidades de saúde identificam seus pacientes com pulseiras ou etiquetas com códigos de barras que permitem a leitura dos dados.

NA RECEPÇÃO DA HOTELARIA HOSPITALAR

O recepcionista tem de executar muitas tarefas, em duas etapas: a primeira no momento da internação e a segunda para emissão de todas as guias necessárias durante o atendimento. Além de atender ao público, a rotina inclui tarefas de caráter mais administrativo, como checar o mapa de internações previstas diariamente e providenciar os prontuários; proceder à internação desses clientes, mediante conferência de documentos; providenciar a transferência do paciente quando necessário; entre outras providências. O setor de guias, também a cargo da recepção, dará seguimento às tarefas iniciadas pelo recepcionista da internação. Ali os documentos são conferidos, encaminhados ao setor de faturamento do hospital e arquivados. Os médicos fornecem ao setor de guias todas as justificativas de prorrogações e novos procedimentos e atendem também os auditores dos convênios, prestando as informações solicitadas que serão repassadas pelo recepcionista ou outro funcionário administrativo, dependendo da situação.

Urgência x emergência

As pessoas que necessitam de pronto atendimento médico dirigem-se ao setor de emergência. Os casos de maior gravidade, claro, têm prioridade de atendimento e o recepcionista precisa ser muito ágil para distinguir essas prioridades, afinal nem sempre os pacientes em estado grave chegam de ambulância. Ainda que a legislação faça distinção entre urgência e emergência, para muitos especialistas a interpretação desses conceitos é relativa. Por isso, o "Manual de Regulação Médica das Urgências", elaborado pelo Ministério da Saúde, unifica essa terminologia, passando a considerar apenas o termo urgência e estabelecendo "graus de urgência", avaliados segundo uma série de fatores que compõem o quadro: gravidade do caso; tempo para iniciar o tratamento; atenção – ou quantidade de recursos necessários para iniciar o tratamento; valor social que envolve o caso. Segundo a análise desses parâmetros, as urgências são classificadas em níveis de 1 a 3, sendo a de nível 1 a de prioridade máxima para atendimento.

A primeira triagem muitas vezes é feita pelo recepcionista, que deverá ser capaz de perceber os casos que parecem ser mais graves, ou de dor mais intensa. Não cabe a esse profissional julgar a gravidade dos casos, mas, a partir de sua sensibilidade, ele deve chamar imediatamente o responsável médico pelo atendimento para avaliar o estado do paciente e encaminhar seu atendimento. Alguns sinais devem ser observados e há treinamento para que o recepcionista saiba identificá-los.

NOVAS OPORTUNIDADES DE TRABALHO

Algumas especialidades médicas exercidas no país com notoriedade, como as cirurgias plásticas e reparadoras, SPAs medicinais e medicina estética, são muito valorizadas no exterior. Dependendo do estabelecimento e da região onde estão instaladas, tais unidades de atendimento vêm atraindo visitantes estrangeiros que chegam ao Brasil em busca de tratamento específico. Com isso, abre-se um campo de trabalho para o recepcionista no qual é valorizado o domínio de um ou mais idiomas estrangeiros (inglês e espanhol, principalmente). São estabelecimentos de nível mais elevado que buscam completar seus quadros de atendimento na hotelaria com funcionários bem preparados e capazes de se expressar com fluência em outra língua e receber com naturalidade pessoas de todas as partes do mundo.

Novidades na hotelaria hospitalar

A busca de tratamentos médicos no Brasil por pessoas de outras partes do mundo, o chamado turismo de saúde, tem trazido mudanças também na hotelaria hospitalar, com o surgimento de novas modalidades de centros de saúde. Em todos eles, é indispensável a presença de um recepcionista bem qualificado.

HOTEL MÉDICO – Atende aos familiares de doentes que passam por longos tratamentos médicos, ou mesmo o doente após a alta, em período de recuperação. Também recebe médicos e profissionais que participam de eventos da área. A clientela desse tipo de hotel em geral é carente de informações sobre a cidade, sobre deslocamentos e outros serviços que tornem sua estada mais agradável

HOSPITAL-HOTEL – Uma unidade de internação é transformada em hotel e tem os serviços de hotelaria adaptados ao atendimento de saúde. O objetivo é tornar a permanência do paciente mais confortável. Em geral são clientes de alto poder aquisitivo e acostumados a um tratamento VIP nos hotéis que frequentam em suas viagens de lazer.

CENTROS MÉDICOS – Têm como principal serviço a internação por um dia, conhecido na

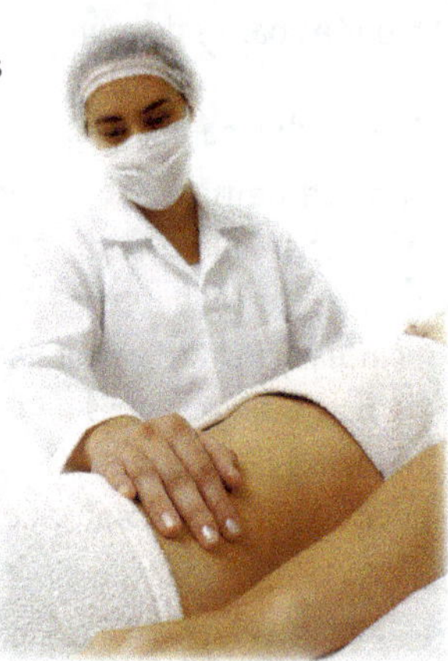

Algumas especialidades médicas exercidas no país com notoriedade, como as cirurgias plásticas e reparadoras, SPAs medicinais e medicina estética, são muito valorizadas no exterior.

hotelaria como Day Use, para atender ao cliente de saúde que se interna por um dia apenas. Esse tipo de internação é muito usado em tratamentos cirúrgicos de pequeno porte, em que o paciente não precisa dormir no hospital. Novamente a recepção tem um papel fundamental no gerenciamento de vagas e na relação com os pacientes.

UMA RELAÇÃO MUITO DELICADA

O atendimento médico na rede particular está sujeito a uma questão muito sensível, que é a aceitação dos planos de assistência médica e seguros de saúde privados.

O Código de Ética Médica – Res. 1931/2009 – Capítulo III Responsabilidade Profissional garante o atendimento de urgência e emergência ao cidadão, vedando ao médico o não-atendimento em casos que configurem a necessidade de pronto-atendimento: *"É vedado [...]: Art. 7º Deixar de atender em setores de urgência e emergência, quando for de sua obrigação fazê-lo, expondo a risco a vida de pacientes, mesmo respaldado por decisão majoritária da categoria."*

Sabe-se que há situações em que a vida de um paciente pode depender de segundos, por isso, o recepcionista não pode hesitar nesses momentos. O procedimento padrão na recepção da emergência é fazer o encaminhamento do paciente e depois buscar as autorizações.

Enquanto isso, na sala de espera do setor de emergência

Com um quadro de infecção, o paciente se dirigiu ao setor de emergência de um hospital da rede particular na Zona Sul do Rio de Janeiro. Para sua surpresa, a sala de espera estava vazia, o que parecia ser um bom sinal de perspectiva de atendimento ágil. No balcão, dois recepcionistas exigiram que o paciente retirasse a senha de atendimento e que o paciente aguardasse a chamada pelos monitores. Estranhando a atitude, o paciente seguiu as instruções, e esperou por alguns instantes. Quando o número foi chamado, o paciente se sentou diante dos recepcionistas e antes que eles se interessassem pelo motivo de sua ida ao hospital perguntaram:

– Plano de saúde? O hospital não trabalha como este plano.

Logo em seguida, os dois voltaram a conversar, ignorando o cliente. Mas não é sempre assim. Em locais em que os funcionários são incentivados a usar sua sensibilidade e respeitar o paciente, o recepcionista trabalha com autonomia para identificar casos que merecem atenção imediata.

Em outro hospital, desta vez em Curitiba, algumas pessoas já aguardavam na sala de espera da emergência da pediatria quando um casal entrou com a o filho no colo, prestes a desmaiar. Imediatamente, a recepcionista perguntou aos pais sobre o estado da criança e, pedindo permissão às outras pessoas que aguardavam o atendimento, já com as senhas retiradas anteriormente, encaminhou aquela criança que acabara de chegar e cujo estado inspirava cuidados mais imediatos.

A ficha do paciente é preenchida pelo recepcionista, que vai verificar junto ao plano de saúde as condições do contrato e o tipo de assistência ou tratamentos autorizados. A Agência Nacional de Saúde Suplementar, que padroniza as informações hospitalares da rede particular e possibilita sua integração com os sistemas de informações do Sistema Único de Saúde (SUS) e a Agência Nacional de Saúde (ANS), estabeleceu um padrão de Troca de Informações em Saúde Suplementar (TISS), para registro e intercâmbio de dados entre operadoras de planos privados de assistência à saúde e prestadores de serviços de saúde.

Uma vez preenchida a TISS, o recepcionista deve entrar em contato com o plano de saúde para obter as autorizações necessárias, ou se informar sobre eventuais restrições. Se tudo estiver de acordo, o paciente é encaminhado para o tratamento indicado (exames, cirurgia e outros) para, mais tarde, formalizar as autorizações necessárias junto ao plano de saúde.

Esse é um momento crítico do atendimento em hospitais e clínicas. Nem sempre se estabelece uma comunicação fácil e podem surgir situações de alto grau de estresse. Nessas horas, o recepcionista precisa ter grande habilidade para lidar com com o paciente ou seus familiares. O profissional terá que dizer "não", mas há várias formas de fazê-lo. É preciso ter a postura adequada, discrição, demonstrar complacência, solidariedade aos familiares e mostrar que está se empenhando para solucionar o problema da melhor forma possível. Além disso, a sua capacidade de observar e interpretar o comportamento do cliente – se agressivo, irônico ou tranquilo – poderá ajudá-lo a lidar com a situação.

Quando houver restrições na cobertura do plano de saúde num hospital particular, o recepcionista deve apresentar uma estimativa de custo do tratamento e as possibilidades de pagamento disponíveis. Fica a critério dos familiares aceitar ou não e negociar o pagamento. Se a família optar pela remoção do paciente, deverá ser feita uma avaliação de risco antes de se providenciar a remoção do paciente. Muitas vezes, é necessária uma extrema habilidade por parte do recepcionista para, com apoio da equipe médica, tentar um acordo com a família para que o paciente possa ser atendido naquela unidade hospitalar até que o risco de uma remoção seja reduzido e, então, ele possa finalmente ser transferido para outro hospital.

Sistemas de administração hospitalar

Atualmente, muitos hospitais e unidades de saúde contam com sistemas integrados de processamento de dados, que gerenciam tanto as informações administrativas e financeiras, como também as primeiras informações dos pacientes contidas nas fichas de atendimento – que não devem ser confundidas com o prontuário preenchido pelo médico e que contém as informações relativas ao quadro clínico do paciente. Um paciente pode ter vários registros no mesmo hospital ou clínica, cada um referente a um atendimento, com respectivos materiais e medicamentos consumidos, além dos exames realizados. Ao final do atendimento, quando o paciente tem alta, esse registro gera a fatura, que será enviada para o convênio ou plano de saúde, ou apresentada ao paciente, caso o tratamento seja particular.

A comunicação entre os diversos setores de um hospital é fundamental e hoje a área de gerenciamento de saúde faz vários esforços para estabelecer processos que facilitem a comunicação entre os setores. E o recepcionista é fundamental nesse processo, já que a transmissão de dados começa pela recepção. Mas problemas de comunicação podem esbarrar em questões culturais e hierárquicas. Para enfrentar essa dificuldade, muitos estabelecimentos de saúde contam com programas e treinamentos na área de comunicação que envolvem todos os funcionários, inclusive os médicos.

Novamente ressalta-se a importância de que o recepcionista estabeleça um bom relacionamento e uma comunicação clara, por sua necessária ligação com todos os demais setores do hospital: exames, internação, segurança, área administrativa.

Já o recepcionista de laboratórios de exames clínicos precisa conhecer os procedimentos necessários para a realização de diferentes exames, não só para informar e orientar o paciente, como também para verificar se os requisitos foram observados antes de encaminhá-lo para o atendimento no laboratório.

ATENDIMENTO TELEFÔNICO OU VIRTUAL

Quem atende ao público por telefone, ou mesmo virtualmente, não vê o cliente, nem é visto por ele. Na falta de uma comunicação visual entre essas duas pessoas, o tom de voz é que vai guiar a conversa, de ambos os lados. Com empatia, o recepcionista deve manter seu tom de voz inalterado, transmitindo simpatia e firmeza em suas orientações e/ou respostas. Já em uma troca de mensagens instantâneas ou de e-mails, a comunicação textual substitui o contato visual e também a expressão oral, portanto, muito cuidado com a correção e a clareza.

Quando o atendimento é virtual, a correção gramatical e a escolha certa das palavras são imprescindíveis. O vocabulário não precisa ser restrito nem baseado em jargões, sendo desejável que as palavras variem de acordo com a situação. O importante é que as informações necessárias sejam transmitidas e os padrões determinados pelas unidades de saúde sejam rigorosamente seguidos.

Os telefonistas que ficam a postos para receber os chamados externos seguem um padrão de atendimento: identificam o estabelecimento, o nome de quem atende e, em seguida, fazem uma saudação conforme o período do dia: bom dia, boa tarde, boa noite. Dependendo do lugar, pode-se acrescentar um "Em que posso ajudar?" O mais importante, porém, é tentar humanizar esse atendimento.

Com a automação dos sistemas de telefonia, as centrais direcionam as chamadas ao setor solicitado por quem liga. Como as informações sobre o estado de saúde de pacientes são sigilosas, nas unidades de tratamento intensivo ou nos postos de enfermagem o plantonista pode atuar como recepcionista. Mais uma vez, a paciência no atendimento, predisposição para ouvir e interesse em ajudar vão aprimorar a qualidade do serviço.

INTERNAÇÃO

A recepção de um balcão de internação de uma unidade hospitalar combina procedimentos e técnicas do atendimento ambulatorial – já que recebe muitos pacientes previamente marcados – e de pronto-atendimento, no caso dos pacientes encaminhados de uma consulta no setor de emergência para a internação. Por isso, o recepcionista encarregado desse setor tem que estar adaptado às rotinas destas duas áreas.

Pontualidade, "calcanhar de Aquiles" do atendimento ambulatorial

No atendimento do ambulatório, as consultas costumam ser pré-agendadas. Sem o caráter de urgência, as autorizações são obtidas com antecedência, reduzindo a tensão implícita aos planos de saúde. O principal ponto de tensão no atendimento ambulatorial está relacionado à pontualidade do atendimento.

O controle da agenda e a informação ao médico sobre a dinâmica do atendimento é uma das atribuições do recepcionista e a harmonia da sala de espera muitas vezes depende da habilidade do atendente. Há médicos que são mais minuciosos durante a consulta e passam mais tempo examinando os pacientes, assim, para evitar atrasos muito prolongados e desconforto dos pacientes que aguardam a vez, o médico deve ser informado sobre a quantidade de pessoas que ainda estão aguardando. Em muitos consultórios, já são utilizados sistemas de mensagem instantânea por computador, o que facilita a comunicação da recepção com o médico. Mas, nem sempre é fácil lidar com essa situação, que requer muito autocontrole do profissional da recepção. Há pessoas que são impacientes, e até indelicadas com os atendentes. Outra função do recepcionista é entrar em contato com os pacientes na véspera do atendimento para confirmar a consulta ou para informar sobre eventuais atrasos do médico, evitando a longa espera no consultório.

Centrais de Atendimento

Na rede pública de saúde, o Telefonista Auxiliar de Regulação Médica exerce papel importante em situações críticas, já que atende chamados de urgência, muitas vezes envolvendo casos de traumas violentos, que requerem atendimento imediato.

Segundo o "Manual de Regulação Médica das Urgências" do Ministério da Saúde, os requisitos para a função incluem: maioridade (18 anos); disposição pessoal para a atividade; equilíbrio emocional e autocontrole; disposição para cumprir ações orientadas; capacidade de manter sigilo profissional; capacidade de trabalhar em equipe; disponibilidade para a capacitação discriminada conforme Portaria GM/MS 2.048/02, bem como para recertificação periódica.

Para quem atende aos chamados da linha Samu 192, serviços de atendimento móvel de urgência, os requisitos são: *"atender solicitações telefônicas da população; anotar informações colhidas do solicitante, segundo questionário próprio; prestar informações gerais ao solicitante; estabelecer contato radiofônico com ambulâncias e/ou veículos de atendimento pré-hospitalar; estabelecer contato com hospitais e serviços de saúde de referência a fim de colher dados e trocar informações; anotar dados e preencher planilhas e formulários específicos do serviço; obedecer aos protocolos de serviço; atender às determinações do médico regulador."* Ainda segundo o manual do Ministério da Saúde, é possível verificar a gravidade de um caso pelo telefone, usando perguntas objetivas, dirigidas diretamente ao paciente ou à pessoa que ligou pedindo ajuda.

Quando encaminha um paciente para o quarto, ele pode receber alguns pedidos e deve direcioná-los aos setores responsáveis, seja enfermaria, limpeza, manutenção. Esses pedidos podem ser os mais diversos: jogo de lençol, travesseiro extra, toalhas de banho, controle da TV etc.

Cabe também a esse recepcionista preencher as guias de internação, abrir o prontuário do paciente e lançar os dados no sistema operacional do hospital. Se houver sobrecarga de trabalho, ele pode ser auxiliado por outros funcionários do setor. Outra atividade desse profissional da hotelaria do hospital é coordenar a comunicação aos pacientes que serão internados no dia seguinte sobre orientações médicas, tais como a necessidade de fazer jejum, entre outras recomendações.

As contas hospitalares são pagas na tesouraria. Em geral, após o atendimento, que pode incluir diversos procedimentos, o recepcionista fecha a conta do paciente e encaminha a fatura para a tesouraria, que é responsável também pela emissão de nota fiscal. Nas clínicas médicas e em consultórios de atendimento particular (quando não há convênios de saúde), o pagamento costuma ser feito diretamente ao recepcionista, que providencia junto ao médico a emissão do recibo ou nota fiscal.

ALFABETO FONÉTICO INTERNACIONAL

Ao fazer contato telefônico com
empresas aéreas, meios de hospedagem,
companhias marítimas, agências de
viagem, hospitais, clínicas, convênios
e planos de saúde, principalmente na
hora de transmitir dados do cliente —
nome, sobrenome, documentação — é
fundamental que as informações sejam
passadas com clareza e correção. Para
facilitar essa comunicação, e minimizar
a ocorrência de erros, existe o "Alfabeto
fonético internacional", convenção
usada mundialmente.

Letra	Palavra
A	Alfa
B	Bravo
C	Charlie
D	Delta
E	Echo
F	Fox-Trot
G	Golf
H	Hotel
I	India
J	Juliete
K	Kilo
L	Lima
M	Mike
N	November
O	Oscar
P	Papa
Q	Quebec
R	Romeu
S	Sierra
T	Tango
U	Uniform
V	Victor
W	Whiskey
X	X-Ray
Y	Yankee
Z	Zulu

GLOSSÁRIO

Baby sitter – Profissional contratada para cuidar de crianças.

Back-office – Setor associado ao departamento administrativo, que mantêm pouco ou nenhum contato com os clientes. Oferece ajuda ao front desk e possibilita que as operações necessárias da empresa sejam realizadas.

Borderô de ocupação ou discrepâncias – Relatório de ocupação dos quartos.

Business Center – Local equipado com todas as facilidades – computadores, acesso à internet, telefones – para que o hóspede possa trabalhar. Alguns hotéis oferecem salas que funcionam como verdadeiros escritórios. Em muitos deles, o hóspede encontrará uma ou mais pessoas para ajudá-lo em suas tarefas, podendo inclusive alugar laptops nesses locais.

Cerimonialista – Pessoa (ou grupo de pessoas) que atua em eventos corporativos ou sociais, auxiliando seu desenvolvimento. Pode trabalhar como recepcionista ou como intermediador entre o estabelecimento no qual o evento é realizado e o cliente.

Check-in – Registro de entrada do hóspede no meio de hospedagem.

Check-in on-line – Check-in feito a distância, seja pela internet, por telefone ou outro dispositivo do gênero.

Check list – Lista detalhada para garantir que todos os itens de determinada ação sejam lembrados.

Check-out – Registro de saída do hóspede no meio de hospedagem.

Chef executivo – Profissional que elabora os pratos e organiza toda a cozinha do restaurante. Também supervisiona os serviços dos cozinheiros em hotéis e restaurantes, dentre outros locais.

Concierge – Encarregado de atender os hóspedes em demandas que requerem serviços internos ou externos, no hotel ou no navio.

Controller – Gerente financeiro, faz a verificação diária de toda a movimentação de caixa do hotel.

Data mining – Extração de dados. Técnica usada para definir estratégias de marketing e vendas a partir de informações coletadas sobre o hóspede, reunidas em banco de dados.

Door knob – Formulário impresso utilizado em hotéis para ser pendurado na maçaneta da porta. Pode conter o cardápio de room service; a solicitação para o hóspede não ser incomodado ou para o quarto ser arrumado; pedido de troca de lâmpadas ou outro serviço de manutenção.

Early check-in – Entrada do hóspede no quarto que lhe foi designado antes do horário previsto para o início da diária. De acordo com a política, pode ser cobrado ou não.

Empowerment – Autonomia para tomar decisões. Em inglês significa 'empoderamento'.

Ficha Nacional de Registro de Hóspede – Registro obrigatório do hóspede no momento de sua chegada ao meio de hospedagem.

Fórum – Programação promovida por grupos representativos de determinado setor para estudo ou debate sobre um tema de interesse comum.

Front Office Manager (FOM) – Chefe ou gerente da recepção.

General Manager (GM) – Gerente-geral.

Guest Relations – Profissional geralmente designado para dedicar atendimento especial aos hóspedes VIP. Se estiver alocado em área VIP do hotel, o atendimento terá um caráter mais personalizado.

Hostess – Atendente que recebe os clientes à entrada de restaurantes, bares, festas e boates.

Lack of empowerment – Falta de autonomia para tomar decisões.

Late check-out – Saída do hóspede do hotel e liberação do quarto após o horário previsto para o término da diária. Dependendo do nível de ocupação do local, é oferecido como cortesia.

Lay over – Termo usado no transporte aéreo para passageiros que não embarcam após um voo ter sido cancelado, ou suspenso. Esses passageiros são levados para um hotel, em geral, próximo ao aeroporto, onde aguardam a saída do voo no dia seguinte.

Lifestyle hotels – Segmento de hotéis de luxo voltados para atender a uma clientela que se identifica com um estilo de vida requintado. Em geral estão associados a design de última geração, alto padrão de atendimento e uma especial atenção aos detalhes.

Lobby – Palavra de origem inglesa que significa salão, hall, corredor.

Log book – Livro de ocorrências para registro de fatos que fogem à rotina.

Mordomo – No navio, o responsável pelo atendimento a uma cabine ou a um cruzeirista. Em um hotel é aquele funcionário que recepciona o hóspede VIP, vistoria e prepara seu apartamento, faz seu check-in e check-out e atende prontamente a todas as suas solicitações.

Mystery shopper – Profissional contratado pelo hotel para atuar como "cliente oculto", investigando o comportamento de cada setor.

No-show – Hóspede que, tendo feito reserva, não comparece para o check-in na data programada.

Oferta VIP – Oferecimento especial a hóspedes considerados muito importantes para o hotel e que por isso merecem atenção personalizada.

Overbooking – Quando o número de reservas excede a capacidade do hotel. Também costuma ocorrer com as companhias aéreas, quando é vendido um número de bilhetes superior à capacidade da aeronave.

Rooming list – Num grupo, a relação dos hóspedes e seus respectivos quartos.

Room service – Serviço de atendimento de pedidos de refeições no quarto.

Site inspections – Visitas técnicas para apresentação do hotel.

Snack – Palavra inglesa para se referir a refeições ligeiras ou tira-gostos.

Tradução simultânea – Recurso utilizado em eventos em que há participantes e palestrantes que falam idiomas estrangeiros. Os tradutores são instalados em cabines e a transmissão é feita através de fones de ouvidos, distribuídos aos participantes na plateia.

Up selling – Venda feita pelo recepcionista ao hóspede que, ao chegar ao hotel, prefere uma acomodação de categoria superior à que corresponde à reserva feita inicialmente.

Upgrade – Refere-se ao direito de ocupar um apartamento de categoria superior ao que foi designado na reserva. Um upgrade é oferecido ao cliente como forma de premiação, ou compensação, pela indisponibilidade da reserva inicial ou mesmo por uma eventual insatisfação do hóspede, já que também costuma ocorrer em casos de reclamação.

UH – Sigla para designar unidades habitacionais, que representam as acomodações de um hotel.

VIP – Abreviação do termo em inglês very important person. Indica uma pessoa importante para a empresa a quem deverá ser dispensado tratamento diferenciado.

Walk-in – Refere-se ao indivíduo que chega ao hotel sem ter feito reserva e solicita um apartamento para hospedagem.

Agradecimentos especiais a

Alexandre Gomes Ferreira (Pier Mauá)

Beatriz de Miranda Jordão (Jobe Promoções)

Constança Carvalho (CM Eventos)

Elaine Gerpe (Pega Eventos)

Eduardo Sanovicz (USP e Reed Exhibitions Alcântara Machado)

Francisco Ferreira (Hotel Copacabana Palace)

Lívia Maria Larios (Hospital São Lucas, Brasília)

Mariela de Moura Siano (recepcionista/guia de turismo, Posto de informações Riotur do Pier Mauá)

Martha Mendes (Capta Comunicação e Promoções)

Norma Araújo (Hospital São Lucas, Brasília)

Marcio Pita (Rede D'Or, Hospital Quinta D'Or)

Renata Lagoeiro (ex-tripulante Royal Caribbean International)

Rogerio Petraglia (Sonesta Hotels)

Shelley Witiak (Disney Cruise Line)

Simone Siqueira (Office Class Serviços Empresariais)

profissionais experientes em suas áreas de atuação, pela atenção e contribuição valiosa, fundamentais para a conclusão deste livro.

Referências

AGÊNCIA NACIONAL DE SAÚDE SUPLEMENTAR (Brasil). Padrão TISS: troca de informações em saúde suplementar. Brasília, 2006 [capturado em 16 abr. 2011]. Disponível: <http://www.ans.gov.br/portal/site/_hotsite_tiss/pdf/texto_completo.pdf>.

BAUM, Tom. Hospedagem. In: COOPER, Chris; FLETCHER, John; FYALL, Alan et al. **Turismo: princípios e prática.** Tradução: Roberto Cataldo Costa. Porto Alegre: Bookman, 2001.

BUHALIS, Dimitrios. Tecnologia da informação. In: COOPER, Chris; FLETCHER, John; FYALL, Alan et al. **Turismo: princípios e prática.** Tradução: Roberto Cataldo Costa. Porto Alegre: Bookman, 2001.

BRASIL. Lei n. 8.069, de 13 de julho de 1990. Estatuto da Criança e do Adolescente. Diário Oficial da União, Brasília, 16 jul. 1990.

BRASIL. Lei n. 11.771, de 17 de setembro de 2008. Diário Oficial da União, Brasília, p. 1, 18 set. 2008.

BRASIL. Ministério da Saúde. Secretaria de Atenção à Saúde. Regulação médica das urgências. Brasília, 2006 [capturado em 16 abr. 2011]. Disponível: <http://portal.saude.gov.br/portal/arquivos/pdf/Manual%20de%20Regulacao%20Medica%20das%20Urgencias.pdf>.

BRASIL. Ministério do Trabalho e Emprego. NR 32: segurança e saúde no trabalho em serviços de saúde. Brasília, 2006 [capturado em 16 abr. 2011]. Disponível: <http://www.mte.gov.br/legislacao/normas_regulamentadoras/nr_32.pdf>.

BRASIL. Ministério do Turismo. Eventos internacionais no Brasil: resultados 2003-2009: desafios para 2020. Brasília, 2010.

BRASIL. Ministério do Turismo. Novo sistema oficial de classificação hoteleira. Brasília, [200-] [capturado em 21 nov. 2010]. Disponível: <http://www.turismo.gov.br/turismo/programas_acoes/qualificacao_equipamentos/classificacao_hoteleira_2.html>.

BRASIL. Ministério do Turismo. Turismo sustentável e infância: cartilha de orientação. Brasília, [200-] [capturado em 12 set. 2010]. Disponível: <http://www.turismoeinfancia.com.br>.

BRASIL. Ministério do Trabalho. Relação anual de informações sociais (RAIS/TEM). Brasília, [200-].

CONSELHO FEDERAL DE MEDICINA (Brasil). Resolução n° 1451/1995. Diário Oficial da União, Brasília, p. 3.666, 17 mar. 1995. Disponível: <http://www.portalmedico.org.br/resolucoes/cfm/1995/1451_1995.htm>.

CONSELHO FEDERAL DE MEDICINA (Brasil). Resolução CFM n° 1931/2009: capítulo 2. Aprova o Código de Ética Médica. Diário Oficial da União, Brasília, p. 90, 24 set. 2009.

CONVENTION 2020: The Future of Exhibitions, Meetings and Events. Fast future research. Frankfurt: ICCA; IMEX, 2010.

COPA do Mundo FIFA de 2014. [S.l.]: Wikipédia, 2011 [capturado em 9 jan. 2011]. Disponível: <http://pt.wikipedia.org/wiki/Copa_do_Mundo_FIFA_de_2014> .

DIAS, Reinaldo (Org.); PIMENTA, Maria Alzira (Org.). **Gestão de hotelaria e turismo.** São Paulo: Pearson Prentice Hall, 2005.

EMBRATUR. **Impacto econômico dos eventos internacionais realizados no Brasil, 2007/2008.** Brasília, 2008.

Sites consultados

FUNDAÇÃO INSTITUTO DE PESQUISAS ECONÔMICAS. **Meios de hospedagem: estrutura de consumo e impactos na economia.** São Paulo, 2006.

GIACAGLIA, Maria Cecília. **Organização de eventos: teoria e prática.** São Paulo: Cengage Learning, 2008.

HAYES, David K.; NINEMEIER, Jack D. **Gestão de operações hoteleiras.** São Paulo: Pearsn Prentice Hall, 2005.

HOSPITALITY 2015: game changers or spectators? London: Deloitte LLP, 2010.

LENCASTRE, Carla. Navios Allure of the Seas e MSC Splendida investem em princesa Fiona e mordomo 24 horas para conquistar hóspedes. **O Globo**, Rio de Janeiro, 6 jan. 2011 [capturado em 9 jan. 2011]. [Caderno] Boa Viagem. Disponível: <http://oglobo.globo.com/viagem/mat/2011/01/05/navios-allure-of-the-seas-msc-splendida-investem-em-princesa-fiona-mordomos-24-horas-para-conquistar-hospedes-923428364.asp>.

LORENCINI GAZONI, Jefferson. Sustentabilidade em meios de hospedagem. In: DIAS, Reinaldo; PIMENTA, Maria Alzira. **Gestão de hotelaria e turismo.** São Paulo: Prentice Hall, 2005.

MARINO NETO, José Ernesto. **Gestão de ativos hoteleiros: hotel asset management.** Rio de Janeiro: FGV, 2004.

TARABOULSI, Fadi Antoine. **Administração de hotelaria hospitalar.** São Paulo: Atlas. 2009.

WALKER, Luciana Moretzsohn. **Hotelaria.** São Paulo: Pearson Prentice Hall, 2005. p. 235, 237.

ASSOCIAÇÃO BRASILEIRA DE CRUZEIROS MARÍTIMOS (Abremar). Disponível: <http://www..abremar.com.br>. Acesso em: jan. 2011.

CLUBE CRUZEIROS. Disponível: <http://www.clubecruzeiros.com>. Acesso em: abr. 2011.

INTERNATIONAL CONGRESS AND CONVENTION ASSOCIATION. Disponível: <http://www.iccaworld.com/npps/> Acesso em: 9 jan. 2011.

PANROTAS: o portal do profissional do turismo. Disponível: <http://www.panrotas.com.br/canais/redacao/plantao/portal_reader_noticia.asp?cod_not=57876>. Acesso: jan. 2010.